# ÉTUDE

## SUR LES

# Canons de Polyclète

PAR

## ADOLPHE MÉGRET

STATUAIRE

*APPENDICE*

De la Forme humaine, comme Principe générateur
appliqué à la confection des vases grecs et romains.

## PARIS

LIBRAIRIE RENOUARD

HENRI LAURENS, ÉDITEUR

6, RUE DE TOURNON, 6

MDCCCXCII

# ÉTUDE



# Canons de Polyclète

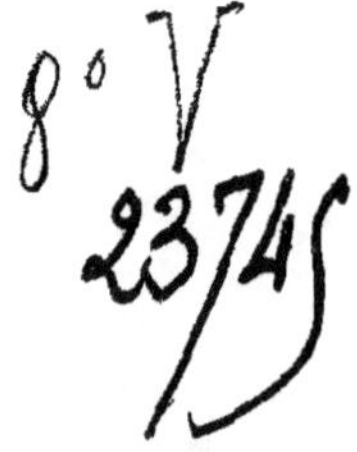

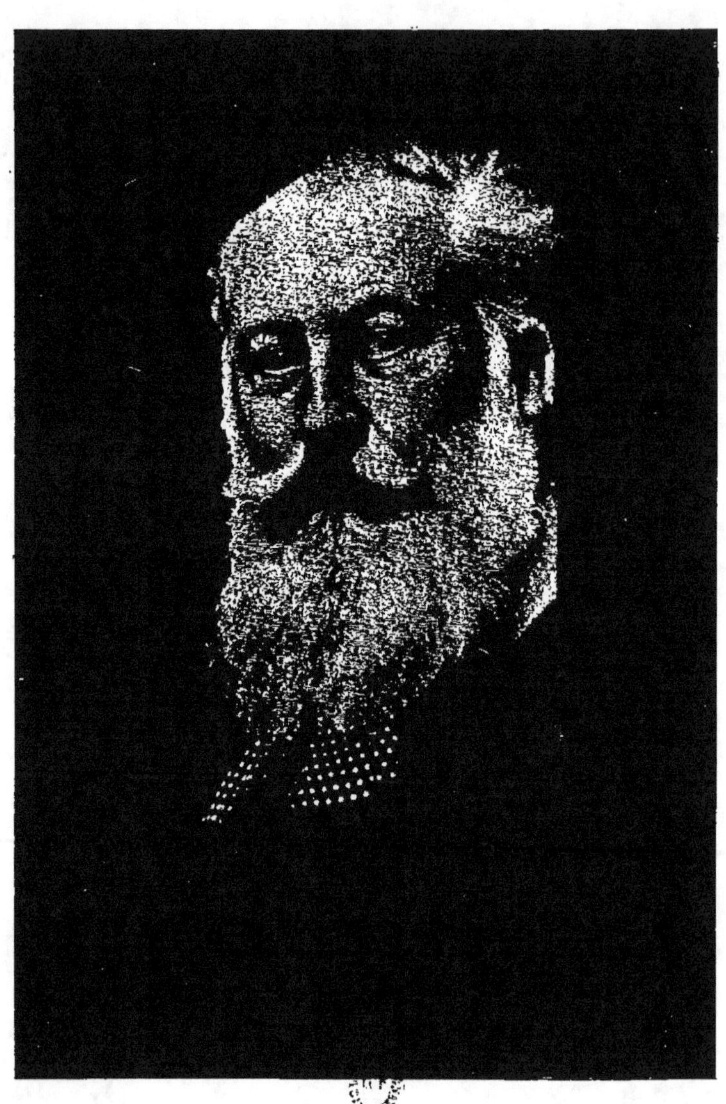

# ÉTUDE

### SUR LE

# Canon de Polyclète

### ET SUR

#### ...ÈGE

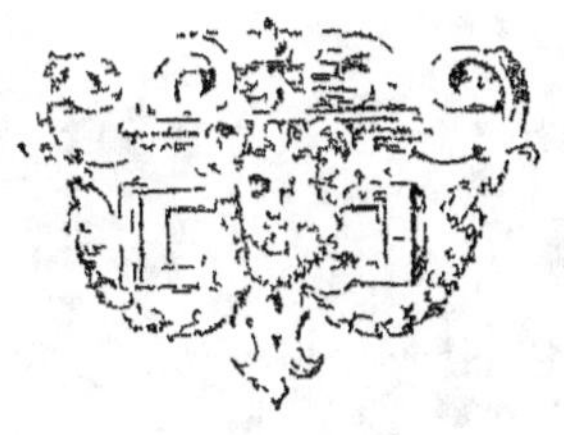

ARISTOTE

De la loi fondamentale comme Principe générateur
appliquée à la collection des vases grecs et romains

PARIS

LIBRAIRIE RENOUARD

HENRI LAURENS, ÉDITEUR

6, RUE DE TOURNON, 6

MDCCCXCII

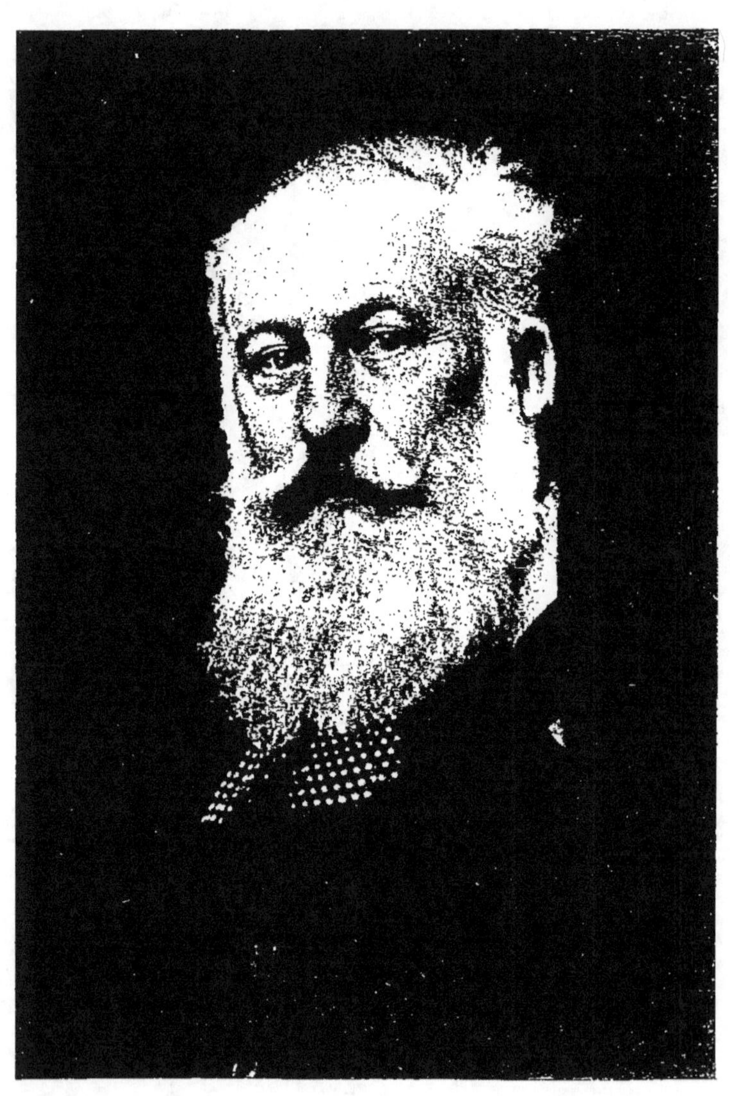

# ÉTUDE

SUR LES

# Canons de Polyclète

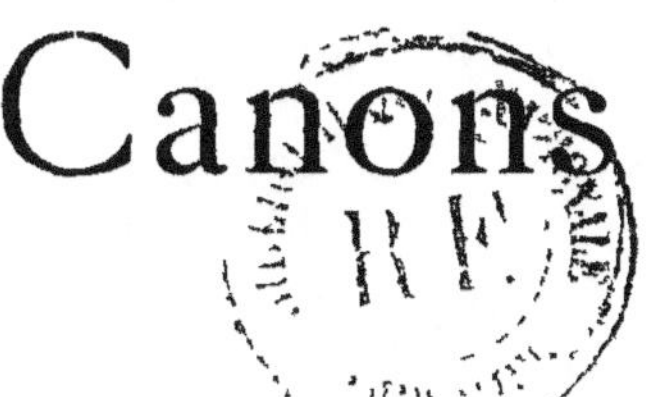

PAR

## Adolphe MÉGRET

STATUAIRE

*APPENDICE*

De la Forme humaine, comme Principe générateur
appliqué à la confection des vases grecs et romains.

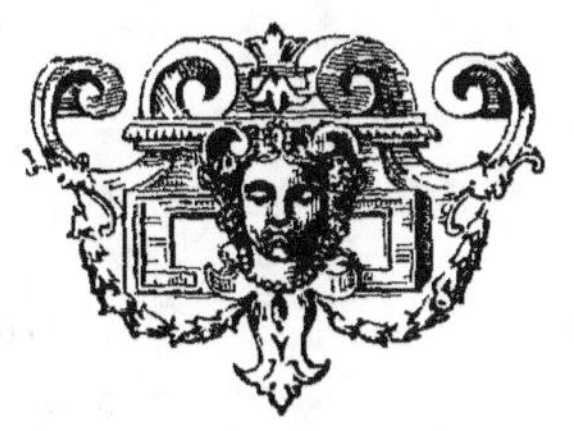

# PARIS

LIBRAIRIE RENOUARD

HENRI LAURENS, ÉDITEUR

6, RUE DE TOURNON, 6

MDCCCXCII

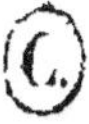

A LA MÉMOIRE

DE

MES CHERS ET VÉNÉRÉS MAITRES

## JOUFFROY ET DURET

STATUAIRES

*Leur Élève reconnaissant et dévoué,*

A. MÉGRET

STATUAIRE

# PRÉFACE

Tous les Artistes, dès le début de leurs études, sont frappés du peu d'éléments mis à leur disposition, en ce qui concerne la mensuration de la figure humaine et l'harmonie de ses proportions. Le statuaire surtout, qui doit représenter le corps humain sous toutes ses faces à la fois, est fort perplexe.

Les Maîtres dans l'Art, chargés de l'enseignement professionnel et esthétique, donnent bien à leurs élèves quelques mesures sommaires générales, accompagnées d'explications sur leurs observations personnelles. Ce sont ces mêmes mesures qui leur ont été indiquées par leurs devanciers et qu'ils transmettent, en les enseignant à leur tour, aux générations suivantes.

Or, ces quelques mesures ne constituent qu'un à peu près, et nullement une théorie de l'harmonie des proportions et des formes. C'est par l'étude et la comparaison des belles œuvres anciennes et modernes, entre elles, et l'examen qu'ils peuvent faire de la nature sur le sujet vivant, que les Artistes arrivent à développer leur jugement et leur goût, et pouvoir, ainsi, choisir les plus belles proportions, comme les plus belles formes, *dans la nature, pour les reproduire. Depuis plusieurs années, pourtant, des savants et des artistes ont voulu reprendre, au point de vue purement esthétique, cette question de l'Harmonie des proportions du corps humain et essayer d'en determiner les règles.*

*Ils ont recherché celles qui furent appliquées à différentes époques, et même dès le principe de l'Art statuaire surtout; de même, aussi bien, celles qui, à l'époque dite de la Renaissance, nous furent données dans les ouvrages écrits des Grands Maîtres, tels que Michel-Ange, Léonard de Vinci, Jean Cousin, etc.*

*Récemment M. Ch. Blanc dans la* Grammaire des Arts du Dessin *reprit aussi la question et crut la fixer.*

*Le grand statuaire Rude s'en occupa aussi tout particuliè-rement dans son enseignement, seulement, il la simplifia sans l'éclaircir ni la résoudre. Il présenta et enseigna, purement et simplement à ses élèves un mode mathématique de mise au point trigonométrique sur le modéle vivant même, dans la pose fixée pour en construire une statue. Les résultats en furent surprenants, mais tout à fait individuels.*

*J'étudiai toutes ces théories et ces mêmes méthodes, et les reprenant chacune pour en juger la valeur, je ne pouvais en trouver une seule satisfaisante au point de vue de l'Esthétique et qui puisse offrir de règle formelle, comme base de l'Har-monie des proportions de la Figure humaine.*

*Pourtant j'étais intimement convaincu que cette règle exis-tait, c'est ce qui fit, pour moi l'objet de longues recherches, et c'est le résultat que j'ai obtenu, que je viens présenter au Public et aux Artistes, en réclamant toute leur indulgence pour les détails arides que comporte cette question toute mathématique et si délicate par les controverses qu'elle a déjà suscitées.*

*J'espère pourtant que le Lecteur voudra bien me suivre dans les développements que comporte la Théorie que je lui présente, comme étant celle qui fût appliquée, par les artistes grecs, aux plus belles époques de l'Art, et qui pourront l'aider, lui-même, à en vérifier la valeur.*

AD. MÉGRET.

# AVANT-PROPOS

Si l'on parcourt les Musées et les Galeries de l'Europe, là où se trouvent entassés aujourd'hui les vestiges des grandes œuvres de la statuaire grecque, la simple inspection des fragments qui nous en restent, suffit pour constater la perfection à laquelle les Grands Maîtres de l'art statuaire en Grèce, étaient parvenus.

Par une plus grande familiarité avec les épaves de ce grand Art, admiré quelquefois jusqu'au fanatisme à toutes les époques de réelle civilisation, l'œil ne tarde pas à reconnaître, qu'à la puissance d'exécution qui distingue la plupart de ces chefs-d'œuvre, entre tous, se joint un principe d'harmonie, un *rythme*, pour ainsi dire, qui en fixe le grand style et semble en avoir réglé mathématiquement les proportions admirables, quoique dissimulées sous une forme, qualifiée aujourd'hui d'*idéale*.

Cette magnifique symétrie, semblable à celle qui règne dans l'Architecture de ces mêmes Grecs, paraît avoir été le secret des artistes qui ont produit ces œuvres merveilleuses; la plus pure expression du génie des peuples hellènes, dont le goût parfait, pendant plus de trois siècles[1], ne s'est jamais démenti, malgré les transformations d'un style toujours épuré. Ce secret a été si bien gardé qu'il n'est jamais parvenu, non seulement jusqu'à nous, mais que, même avant la période du Bas Empire, il avait été complètement perdu.

Ainsi que nous venons de le dire, il est certain, pour l'observateur, qu'un rythme réglant l'ensemble harmonique des formes du corps humain a dû évidemment présider à l'exécution de ces œuvres puissantes ou gracieuses, et dont la vue, après avoir étonné et charmé les yeux de ceux qui ont eu le bonheur de les contempler à l'époque de leur éclosion et dans leur jeunesse éternelle (si l'on s'en rapporte aux auteurs anciens[2]), remplissent, encore aujourd'hui, d'étonnement ceux qui ne peuvent en admirer que les débris.

De même, si l'on consulte les historiens, tels que Pausanias, Strabon, Diodore de Sicile, Hérodote, Gallien, Lucien, etc., on y trouve effectivement (Diodore l'affirme d'une façon positive, en en donnant des formules[3]) que des règles harmoniques précises ont servi

[1] Le sculpteur Lysippe, au temps d'Alexandre le Grand, changea les principes employés jusqu'alors dans la mensuration des statues et leur donna comme Principe une unité de longueur de visage (Vitruve, traduit par Perrault, voir *Préface*.)

[2] Diodore de Sicile.

[3] (Diodore. Livre Ier, dernier alinéa.)

à l'exécution de ces œuvres admirables, règles qu'ils ont désignées eux-mêmes sous le nom de *Canons*.

On trouve également que tous les auteurs grecs et même romains qui ont parlé des productions de l'art grec (surtout de celles des plus belles époques de sa splendeur), sont d'accord pour admettre comme un fait connu et même vulgarisé, que ces *Canons*, formant l'ensemble des règles harmoniques qui dominent l'exécution des œuvres des statuaires grecs, comme celles des statuaires de l'Egypte, étaient parfaitement déterminés. Ces *Canons* faisaient à tel point partie de l'éducation des artistes de ces grandes époques, que les mêmes auteurs y font fréquemment allusion, soit par des citations ou des comparaisons, et que, pour eux, le doute n'existait pas à ce sujet[1].

D'autre part, quelques-uns de ces auteurs relatent que Polyclète de Sycione, élève d'Agéladas d'Argos, et dont plusieurs des œuvres nous sont parvenues presque intactes (ou tout au moins leurs copies en marbre, puisque la plupart de ces originaux étaient en bronze), le statuaire Polyclète, disons-nous, avait écrit pour l'enseignement de ses élèves, le léguant aux âges futurs, un Traité des proportions du corps humain. En outre, appliquant la pratique à la théorie, il avait construit, s'aidant de celle-ci, et tout exprès, une Statue qui, par là, confirmait sa méthode, à laquelle elle se rapportait.

[1] Diodore de Sicile.

L'écrit et la statue, connue sous le nom de *Doryphore* (porte-lance), avaient, également tous deux, reçu le surnom de *Canons de Polyclète*[1].

L'ouvrage écrit a disparu, mais, depuis quelques années, de savantes recherches, surtout à la suite de la découverte du *Diaduménos*, à Vaison[2] (Vienne) (copie également, dit-on, de celui qui est rapporté comme étant aussi l'œuvre de Polyclète), ont été entreprises par les archéologues et les artistes, pour étudier de près l'œuvre de ce grand maître. Ces recherches ont eu pour résultat principal de lui attribuer, comme étant son œuvre, une statue (dite l'*Achille*) aujourd'hui au Musée du Louvre et lui restituer son nom de *Doryphoros*.

Cette statue serait bien une copie en marbre de celle fondue en bronze, que Polyclète avait exécutée pour l'enseignement de sa méthode des proportions et qui partageait, avec la règle écrite qu'il appliquait ainsi, le nom de *Canon de Polyclète*.

D'autre part, « il est bien difficile — dit M. Max. « Collignon[3] — de déterminer exactement les propor- « tions de ce *Canon* qui servait de règle jusqu'à Lysippe, « telles qu'on ne les connaît que par les répliques de

---

[1] Viardot. *Les Merveilles de la Sculpture antique.*

[2] Aujourd'hui au British Museum, à qui il a été vendu par la famille Raspail.

[3] M. Collignon. *Archéologie grecque* (chap. de la SCULPTURE).

« Naples et du Vatican. La description de Lucien est
« .assez vague [1].

« Pour le corps — dit-il — il faut nous confor-
« mer à la règle de Polyclète et il ne sera ni trop haut,
« ni trop long, au delà de toute proportion, ni d'une
« taille trop basse, ni semblable à un nain, mais
« d'une mesure convenable.

« C'était un intermédiaire entre les formes trapues
« et massives de l'archaïsme dorien et le type élancé
« que fit prévaloir Lysippe.

« Dans une étude sur le *Doryphore* de Naples,
« M. Guillaume [2] définit ainsi la valeur du Canon de
« Polyclète :

« Il fut un *résumé d'Ecole*, et non pas le point de
« départ d'une *Ecole nouvelle;* à ce moment, le *mode*
« *dorien* atteignait à sa perfection dans les édifices et
« la représentation de l'homme. Plus tard, et après
« avoir réalisé un idéal dans lequel dominait la force,
« les Grecs se mirent à poursuivre un idéal d'élégance [3].
« — *Lysippe.* »

Nous ne pouvons qu'applaudir aux paroles de notre
illustre maître statuaire, décrivant, dans son étude sur
le *Doryphore*, d'une façon si parfaite, l'importance de
la valeur du *Canon de Polyclète.* Comme il le dit avec
l'autorité de son talent et de sa science, c'était bien *le*

[1] Lucien. *De Saltatione.*
[2] M. Eugène Guillaume, de l'Institut.
[3] *Le Doryphore dans les Monuments antiques.*

*Résumé des traditions d'une Ecole,* l'Ecole d'Argos, dont le chef reconnu, Agéladas, avait eu pour élèves, aussi bien que Polyclète : Myron, Phidias et Alcaméne. C'était ce maître (Agéladas) qui, l'un des premiers probablement, rompait avec les anciennes traditions archaïques, dans lesquelles l'art se mouvait à l'étroit (celles qui dominaient encore, à son époque, dans la statuaire décorative du Temple d'Egine). Il adoptait alors une nouvelle méthode de proportions, plus harmonieuse et plus conforme à celle de la véritable beauté humaine et délivrait ainsi l'Art grec des entraves qu'il s'était imposées jusque-là.

Préparant cet essor merveilleux, il montrait la voie dans laquelle s'élancèrent ses élèves, devenus à leur tour les grands maîtres de l'Art statuaire, et produisirent ces œuvres admirables qui font la gloire du siècle de Périclés et de toute la grande période de l'Art jusques à Lysippe.

A ce moment, l'Art grec parut changer de centre, surtout à la suite de la division de l'empire d'Alexandre le Grand et de la conquête de l'Egypte et de la Grèce par les Romains. Il suivit la loi du vainqueur, transportant à Rome ces nouveaux principes et leurs adeptes ; pourtant, les fouilles récentes faites à Pergame tendraient à démontrer par les spécimens admirables qu'elles ont remis en lumière [1], que, pendant que l'Art statuaire à Rome, après y avoir brillé pendant un cer-

[1] Max Collignon. *Des Merveilles de l'Art grec.*

tain temps et laissé des œuvres qui marquent cette époque, telles que le *Laocoon*, l'*Antinoüs*, les *Portraits des Empereurs* (famille des Antonins), la *Colonne Trajane*, etc.; même après le règne des Antonins, une Ecole relevant directement des principes grecs de l'Ecole de Phidias, avait continué, en Asie Mineure, les belles traditions, jusqu'à ce que l'Empire de Byzance vînt confondre tous les styles.

Alors, s'inspirant directement de l'Inde, l'Art vît commencer la décadence qui se termina à la conquête de Constantinople par l'absence de tout principe régulateur et la prédominance de la loi que les nouveaux vainqueurs lui imposèrent, c'est-à-dire celle qui fût la négation de toute beauté, autre que celle qui était tolérée par le Prophète, (suivant la paraphrase du Décalogue) *de ne rien représenter de ce qui a vie sur la terre, dans le ciel et sous les eaux.* Et l'art antique ne se réveilla que le jour où Nicolas de Pisa l'exhuma, pour ainsi dire, et en fit le point de départ de toute une Renaissance. Mais si les œuvres dont il s'inspirait, devinrent l'objet de l'admiration de cette grande époque, le principe en était perdu, même jusqu'à la mathématique, dans l'exécution *pratique* du marbre; celle-ci même (nous voulons parler de la *mise au point*) ne fût retrouvée qu'à la fin du siècle dernier [1]; elle était igno-

---

[1] Ce fut un buste d'Alcibiade en marbre de Paros, aujourd'hui au Musée du Louvre, sur lequel sont restés, en saillie, les trois points de triangulation, qui conduisit à cette découverte capitale. (Max. Collignon. *Merveilles de l'Art grec.*)

rée de l'immortel Michel-Ange comme de ses devanciers et de ses successeurs.

Ce que devint cette méthode de construction et son principe d'harmonie plastique entre les mains de Polyclète, comme celles des grands artistes que nous venons de citer et bien d'autres, tels que Scopas, Praxitèle, ainsi que leurs élèves, nous le savons, sinon dans l'ensemble, malheureusement en partie perdu, mais par le peu d'œuvres et de fragments qui nous sont parvenus. Pourtant, ces restes et ces fragments d'œuvres d'une excellence incontestée suffisent à proclamer celle de la méthode et la sûreté du point de départ, surtout si l'on veut bien admettre, comme vérité, que le grand Art commence à décliner rapidement, à partir de Lysippe qui introduisit, avons-nous dit, une nouvelle méthode de mensuration et que, dès lors, la précédente fut abandonnée [1].

Cet artiste (comme le fait si justement remarquer M. Guillaume) à son tour, cherchant un autre idéal, l'Elégance, changea complétement les dispositions du *Canon de Polyclète* dont les règles délaissées ne furent bientôt plus, à leur tour, qu'un monument d'archaïsme,

[1] Tous les artistes connaissent la méthode de proportions appliquée par Lysippe, méthode répétée par Vitruve et donnant comme proportions au corps humain, dans sa hauteur, dix fois la longueur du visage. C'est cette proportion que préconisèrent les artistes de la Renaissance, comme le rapporte Jean Cousin, peintre, sculpteur et graveur, et autres artistes de cette époque. (Traduction de Vitruve, *Préface par Perrault.*)

jusqu'au jour où elles aussi, furent complètement oubliées et perdues.

Nous répétons donc de nouveau, avec M. Guillaume, que ces règles d'harmonie, fixées par le grand statuaire de Sycione, étaient un résumé des traditions d'une Ecole dont elle constituait le STYLE (*qui n'est autre que la fidélité à la règle « écrite », dans l'exécution*).

Il était d'une grande importance d'avoir de pareilles traditions, et nous ne craignons pas de dire que ce qui fait la force et la valeur de l'Ecole française, à notre époque, c'est de s'en être imposées, quoiqu'elles ne soient pas les mêmes, tout en cherchant *instinctivement* à s'en rapprocher[1]. Dans le cas actuel, ces traditions résumées et déterminées par Polyclète, dans ses *Canons*, étaient celles de l'Ecole d'Argos, dont il était devenu le chef à son tour, après Agéladas et Phidias. Il est bien légitime de supposer que, puisqu'il avait éprouvé le besoin de les affirmer par la plume, comme par le ciseau, c'est qu'il y avait d'autres traditions qu'il connaissait également, traditions dont les règles étaient appliquées même simultanément par d'autres Ecoles, comme par ses devanciers ; et que ces règles précédentes étaient évidemment inférieures, vu les résultats pratiques, à celles qu'il préconisait et dont il donnait la clef probablement, en les développant, pour les appliquer.

---

[1] Surtout depuis que les sculptures en marbre des Frontons, des Métopes et des Frises du Parthénon (Œuvres de l'immortel Phidias) furent apportées en Europe, et vulgarisées par le moulage.

Nous ne craindrons pas d'avancer que ces anciennes règles auxquelles nous faisons ici allusion (anciennes par rapport à celles dont Polyclète proclamait l'excellence et la supériorité), étaient probablement les mêmes qui furent aussi employées par les premiers statuaires égyptiens dans celles de leurs œuvres primitives qui nous sont parvenues, comme aussi par les Grecs, leurs élèves, avant l'introduction de ces nouvelles règles de proportion qui furent établies par ceux-là du temps de Psammétichus, en Egypte. Ce sont même, dit l'Histoire[1], ces dernières règles qui furent également suivies par les chefs de l'Ecole d'Argos et leurs successeurs. En un mot, il est admis que les statuaires grecs (comme les Egyptiens), instruits par ceux-ci, avaient employé différents *Canons* à différentes époques et même simultanément.

Ce sont les règles de ces *Canons* divers et leurs origines, que nous nous sommes donné pour tâche de rechercher et dont nous aurons à développer les relations avec les progrès de la statuaire antique.

Nous ne le ferons que dans les limites d'une forme aussi restreinte que possible, cherchant à en condenser les preuves techniques, afin — tout en leur donnant la précision désirable — de les rendre plus faciles à saisir, et à comparer dans leur ensemble, mais en nous étendant davantage sur ce qui concerne spécialement les *Canons* de Polyclète, but principal de nos recherches.

[1] Diodore. Livre Ier, dernier alinéa.

Nous serions assez récompensé, si le résultat de nos efforts, en élucidant la question d'une façon plus précise et plus mathématique, pouvait apporter quelque lumière sur un sujet déjà si débattu et livré à tant d'incertitudes et de contradictions.

Aurons-nous retrouvé les véritables formules de ces Canons? C'est là une conviction que nous serions trop heureux d'inspirer. En tout cas, nous donnerons de notre mieux toutes les raisons à l'appui de nos théories, ainsi que les renseignements qui nous ont guidé et servi à leur appréciation.

En déterminant ces formules, dont la base est toute mathématique, nous avons voulu surtout les présenter comme un renseignement précieux pour l'étude de l'Art, pouvant servir de point de départ à une méthode pratique d'investigation, pour les archéologues et les artistes, et les aider à contrôler leurs propres appréciations, en ce qui concerne les époques d'exécution des statues grecques.

Que cette méthode pratique, basée sur ces formules mathématiques, puisse toujours être appliquée à l'Art statuaire, et, par là, donner encore des résultats conduisant à l'*Excellence* dans l'exécution par les artistes statuaires, c'est ce que nous voudrions pouvoir être autorisé à affirmer, comme étant notre ferme conviction.

# ÉTUDE



# Canons de Polyclète

## CHAPITRE PREMIER

Dans l'avant-propos de cet essai, nous avons signalé le but que nous poursuivions, c'est-à-dire : étant connu que Polyclète de Sycione, élève d'Agéladas d'Argos [1], avait résumé dans un ouvrage écrit les mesures qui, à cette grande époque de l'Art statuaire, alors à son apogée à Athènes et dans toute l'Hellade, servaient à déterminer les proportions les plus harmonieuses du corps humain, telles que ces grands maîtres le représentaient dans leurs œuvres immortelles nous nous sommes donné la tâche d'en rechercher les Principes. Nous avons dit que cet ensemble de mesures s'appelait *Canons*, et que ce même artiste, Polyclète, ainsi que le rapportent les auteurs anciens et modernes, après avoir résumé sa méthode dans ses écrits, avait construit (pour en appliquer les règles et servir d'enseignement pratique) une Statue de bronze. L'ouvrage écrit et la

---

[1] A'nsi que Phidias, Myron, Alcaméne, etc.

statue portant également le même nom, furent connus depuis sous le nom de *Canons de Polyclète.*

Ayant établi ce qui précède, nous nous proposons donc de rechercher :

1° Quelle était cette division mathématique du corps humain qui déterminait la symétrie réglée par ces *Canons ?*

2° Sur quel principe, Polyclète, en résumant la tradition, en aurait basé l'origine, et, par conséquent, pu en déduire un ensemble de règles harmoniques ?

3° Si ce principe[1], ou base d'opérations, était un principe naturel ou de convention ?

Voilà, disons-nous, les problèmes que nous nous sommes appliqué à résoudre.

Tout d'abord, nous rappellerons que le sujet, dans son ensemble, a déjà été traité par M. Charles Blanc, spécialement dans sa *Grammaire des Arts du dessin,* ainsi que par d'autres artistes ou écrivains, autorisés par leur science ou leur talent à disserter sur une pareille matière[2]. Mais, n'ayant pas été encore suffisamment édifié sur les théories qui ont été mises en avant par ces différents auteurs, malgré l'ingéniosité de quelques-unes, surtout celle émise par M. Ch. Blanc, nous les avons contrôlées en les reprenant afin, si faire se pouvait, d'en obtenir un résultat plus pratique.

En ce qui concerne spécialement la théorie avancée par M. Ch. Blanc sur celle des *Canons de Polyclète,*

---

[1] Voir Vitruve. Du τέλειον.

[2] MM. Ch. Blanc, Guillaume, Bonomi, Story. etc.. etc.

dont les conclusions, si affirmatives pourtant, nous ont paru peu conformes à l'évidence, aussi bien qu'aux traditions; nous dirons que le système développé par l'éminent écrivain, repose tout entier sur la réfutation qu'il fait, d'un passage (pourtant bien précis) de Diodore de Sicile (*Diodore de Sicile*, livre Ier, dernier alinéa); il l'accuse même de ne pas connaître le sujet qu'il traite. Il nous a paru d'autant plus nécessaire de devoir discuter, après l'avoir contrôlé avec soin, le système de mensuration que préconise M. Ch. Blanc, que nous avons pu reconnaître, après un examen attentif et de longues recherches, que Diodore de Sicile (pourtant peu correct en ce qui concerne bien des faits qu'il rapporte) était au contraire, en parlant des Canons statuaires égyptiens et grecs, aussi près que possible de la vérité.

Pour mieux élucider la question, nous reproduisons quelques-uns des documents cités par M. Ch. Blanc à l'appui de sa théorie dans la *Grammaire des Arts du dessin*; mais nous citerons simultanément, et *à priori*, un passage du Dr Lepsius (que nous avons pu lire, en compulsant son ouvrage dans la bibliothèque du *British Museum* à Londres). Nous avons traduit ce passage pour l'édification du lecteur. Nous rapportons également le passage incriminé de Diodore, dont M. Ch. Blanc se sert en le réfutant, disons-nous, pour baser sa théorie. Ces deux textes de différents auteurs fixent absolument la question, en la circonscrivant, et nous ont amplement fourni les moyens d'établir notre opinion sur les Canons égyptiens et grecs. Ces textes nous permettaient d'arriver, en poursuivant nos recherches, à des conclusions inattendues et de pouvoir déterminer ce que nous croyons avoir été leur origine naturelle.

Voici ce passage de Lepsius [1] (que nous traduisons de l'anglais) :

« Trois canons différents sont décrits par le docteur
« Lepsius, comme ayant été employés par les Egyp-
« tiens, ainsi qu'ils sont représentés dans plusieurs
« dessins qui se trouvent reproduits dans le grand
« ouvrage sur l'Egypte, actuellement en cours de publi-
« cation par les soins du gouvernement prussien; un
« de ces derniers appartient à la plus ancienne monar-
« chie pharaonique [2], alors que Thèbes déjà affirmait
« sa puissance. Un troisième canon qui apparut tout
« d'abord au temps de Psammetichus offre une *altéra-*
« *tion complète du principe de la Division et demeura sans*
« *modifications jusqu'à l'époque des Empereurs romains*. Ce
« dernier est le même que celui que Diodore men-
« tionne d'une façon positive dans son livre premier [3]. »

Voici maintenant ce passage de Diodore visé précédemment, avons-nous dit, par M. Ch. Blanc :

« Les Egyptiens, dit-il, réclament comme leurs dis-
« ciples les plus anciens, les sculpteurs grecs Tœleclès
« et Théodore, tous deux fils de Rhœcus, qui exécu-
« tèrent — pour les habitants de Samos — la statue
« de l'Apollon pythien. La moitié de cette statue,

Planche  I

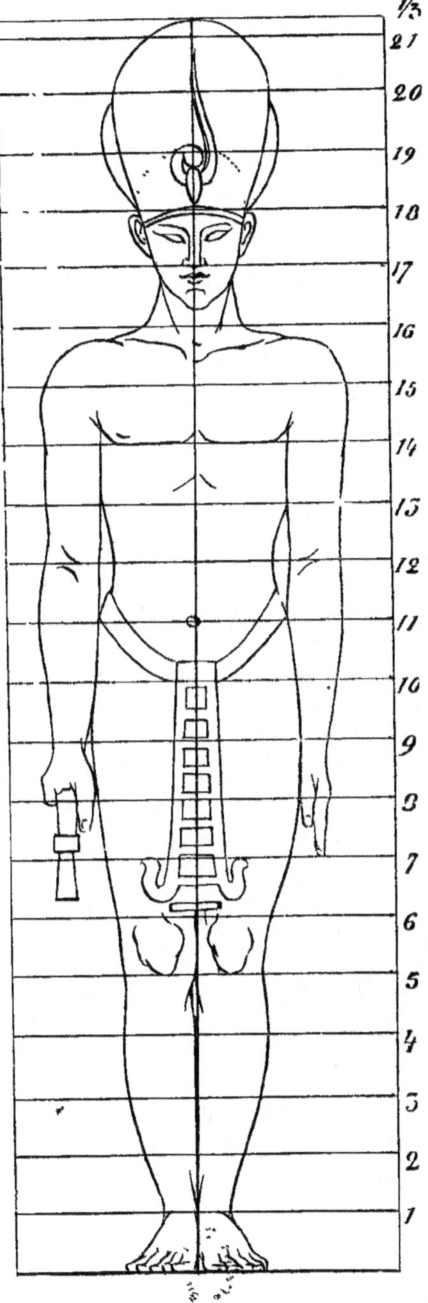

« disaient-ils, fut faite à Samos par Tœleclès et l'autre
«˙ motié fut sculptée à Ephèse par Théodore ; et ces
« deux parties s'ajustèrent si bien ensemble que la
« statue entière semblait l'œuvre d'un seul artiste.

« Après avoir disposé et taillé leurs pierres, les Egyp-
« tiens exécutaient leurs ouvrages, de manière que
« toutes les parties s'adaptent les unes aux autres dans
« les moindres détails ; c'est pourquoi ils divisent le
« corps humain en *vingt et une parties* et *un quart* et ils
« règlent, là-dessus, toute la symétrie de leur œuvre. »

Or, c'est surtout sur ce dernier passage que M. Ch.
Blanc s'appuie, disions-nous, pour arriver à une opinion contraire à celle de Diodore et essayer de faire prévaloir la sienne dans la question. Il s'aide principale-
ment pour parvenir à ce résultat, d'un dessin gravé
d'après une statuette égyptienne qui figure dans
l'ouvrage précité du Docteur Lepsius, lequel dessin
nous reproduisons ici [1].

C'est en spéculant sur une division géométrique qui
existe sur cette statuette, et telle qu'elle est rapportée
avoir été trouvée par Lepsius, que l'éminent écrivain
M. Ch. Blanc croit pouvoir conclure, pour infirmer
radicalement la formule de division du Canon égyptien,
— et grec, par conséquent — énoncée par Diodore de
Sicile, dans le passage que nous venons de mettre sous
les yeux du lecteur. Par conséquent aussi, la même mesure citée par le docteur Lepsius, comme empruntée par
les Grecs aux Egyptiens serait également erronée, selon
M. Ch. Blanc, en ce qui concerne la division du corps

Voir Figure I.

humain, dans sa hauteur et largeur (les bras étendus)
en 21 parties égales et une fraction, laquelle Diodore
rapporte être le quart d'une de ces parties.

Comme résultat de ses recherches, M. Ch. Blanc
croit pouvoir fixer la division véritable du Canon de
Polyclète à 19 [1] *divisions égales,* dans la hauteur totale
du corps humain, tel qu'il est indiqué, démontre-t-il,
sur cette petite figure égyptienne qui, bien que divisée
dans sa hauteur totale (y compris pourtant la tiare qui
la surmonte) *par 21 parties égales et une fraction,* n'offre
que 19 divisions géométriques égales dans toute sa
hauteur, depuis le sommet supposé du crâne, dissi-
mulé sous la coiffure; et M. Ch. Blanc en conclut :
que c'est cette seule méthode de division qui a dû
être employée par les Grecs, celle qui aurait été décrite par Polyclète et employée par lui, comme par
tous les statuaires grecs, « lesquels — affirme-t-il, avec
toute son autorité — n'ont jamais dû en employer
d'autre ».

Pourtant ce passage de Diodore est d'autant plus
remarquable par son *affirmation absolue,* en ce qui concerne la division nouvelle du *Canon* introduit au
temps de Psammétichus, dans la confection des
Statues par les Egyptiens, qu'il donne ce dernier
*Canon* comme étant venu remplacer le *Canon* précédemment employé par ceux-ci, comme par les
Grecs, ainsi que l'affirme le docteur Lepsius. Etait-ce
celui-ci le *Canon* primitif dont la mesure normale

---

[1] Nombre d'or des Grecs.

paraissait effectivement diviser le corps humain dans sa hauteur en 19 portions égales, divisions que M. Ch. Blanc observe sur cette petite figure égyptienne?

En tout cas, nous constatons par ce passage de Diodore, en ce qui concerne les canons diviseurs, que les Grecs étaient initiés par les Egyptiens aux secrets de leur construction et de leur application statuaire. Et, d'autre part, loin de nier que les artistes grecs aient appliqué, comme les Egyptiens, cette première méthode de mensuration, il est évident, au contraire, pour nous, que la différence qui existe entre les œuvres des statuaires grecs qui ont précédé Polyclète avec celles de ceux qui l'ont suivi, indique suffisamment que les méthodes étaient différentes.

Or, par cette différence qui existe entre l'état de la sculpture avant l'époque du changement de style chez les Grecs et celui de l'Art, lorsque fût inaugurée la nouvelle méthode de mensuration des statues au temps de Psammétichus (celle-ci appliquée à la suite de l'invasion des Cariens), il est permis de supposer que ce changement des *Canons* statuaires, récemment rapportés en Grèce par eux, contribua à déterminer cette éclosion admirable de l'art à Athènes, sous Périclès et dans d'autres centres artistiques de la Grèce. La logique nous conduit donc à l'hypothèse justifiée que, loin d'admettre que les statuaires grecs aient toujours opéré par un seul *Çanon*, c'est au moins sur *deux*, comme les Egyptiens (Lepsius dit sur *trois*) qu'ils ont basé leurs méthodes de mensuration à différentes époques, qu'il est important de ne pas confondre.

Du reste, pour mieux présenter la question, nous avons cru devoir citer également M. Ch. Blanc, parlant à l'appui de la théorie qu'il affirme être celle du Canon de Polyclète divisant, dit-on, le corps humain en 19 parties égales [1].

« Au premier abord, il est clair que Diodore de
« Sicile, n'a pas bien su ce dont il parlait et qu'il a dû
« se tromper, quand il a dit que les sculpteurs égyp-
« tiens divisaient le corps humain en 21 parties et un
« quart, etc..., la seule présence d'une fraction dans un
« pareil calcul annonce une erreur. Un corps propor-
« tionné dans toutes ses parties, encore une fois, est
« celui dans lequel un membre est le Diviseur com-
« mun de tous les autres [2]. C'est donc là une première
« faute de Diodore de Sicile. Ensuite, il n'est pas
« possible que les Egyptiens aient divisé la hauteur du
« corps humain en 21 parties un quart, car en expéri-
« mentant cette manière de mesurer, on ne rencontre
« pas justement les points de section marqués par la
« nature elle-même. En d'autres termes, l'ouverture
« du compas, égale à la 21e partie, tombe presque tou-
« jours en deçà ou au delà des articulations, au-dessus
« ou au-dessous des principales lignes tracées par le
« divin géomètre. Aussi la division par 21 un quart

[1] Charles Blanc. *Grammaire des Arts du dessin*, chap. des PRO-PORTIONS.

[2] Cette théorie, de prime abord, ne pouvait avoir aucune application dans la pratique, en ce qui concerne le mot : *membre*. M. Ch. Blanc aura voulu dire *une partie* du corps, car il n'existe pas de membre dans le corps humain pouvant diviser celui-ci en parties égales symétriquement

« n'a-t-elle été suivie par aucune école, quoi qu'en
« dise Diodore. »

Certes, au premier abord, il peut être permis de
penser avec l'auteur de la *Grammaire des Arts du
dessin* (en acceptant son raisonnement), que Diodore
a pu effectivement se tromper en ajoutant une fraction,
surtout une fraction de un quart, au nombre 21, qu'elle
ne divise même pas ; et c'est ce qui pourrait, surtout
aussi, faire exclure du système admis par Diodore (et
comme employé de son temps) toute base d'opérations mathématiques. En conséquence, on serait donc
tenté d'admettre qu'une pareille méthode de mensuration devait être fantaisiste ou erronée en principe.

Pourtant, en réfléchissant, si l'on considère attenti-
vement cette petite statuette, représentation *en apparence* d'un seul canon égyptien [1], on peut chercher à
s'expliquer comment il se fait que, si la 19e division
tracée sur cette figure, il est vrai, affleure le sommet
supposé du crâne, sous l'orbe élevé qui surmonte la
tête, ainsi que nous le constatons, on peut se
demander, disons-nous, dans quelle intention secrète,
deux autres divisions égales à celles qui sectionnent ce
qui doit être le corps humain (représenté par cette
petite figure), plus une fraction, viennent s'ajouter
aux 19 autres et partageant cette mitre dans le reste de
la hauteur totale de cette figurine, portent ainsi le
nombre total de sa division à 21 parties et une fraction ;
(comme il est indiqué également dans l'ouvrage de

[1] Figure I.

Lepsius, et affirmé par Diodore, être la formule d'un des Canons diviseurs employés par les Grecs comme par les Egyptiens.)

Cette division présenterait donc ainsi, *au total*, l'orbe compris, la formule identique à celle que ces deux autorités nous donnent comme étant celle du Canon de Polyclète qui divisait l'ensemble du corps humain par 21 portions égales et une fraction.

Si M. Ch. Blanc trouvait seulement dans cette figure égyptienne, divisée par la mesure qu'il constate, ainsi que nous, être 19 dans son entier *humain*, la preuve qu'un *Canon* réglé sur la même division a pu exister, nous serions également disposé à accepter son opinion; loin de la contester, nous l'admettons. Mais y trouver la preuve qu'il n'en a existé jamais de différents, lorsque, surtout, nous en voyons un autre formellement indiqué sur la même figure, c'est ce que nous ne pouvons reconnaître, surtout en présence des réflexions que vient suggérer la présence, pour ainsi dire, d'un double *Canon* dans la même figure. Il nous paraît, au contraire, en voyant l'ensemble, difficile d'en conclure parce qu'elle offrait également une division par 19, qu'il n'en avait jamais été employée d'autre, et surtout lorsque Diodore de Sicile affirme que celle par 21 parties égales et une fraction fût usitée comme un moyen de perfectionnement sur toute autre méthode.

Il nous parut plus logique de rechercher le sens caché de l'énigme, montrant sur une seule figure la présence de deux Canons réunis, et d'essayer alors, avec le compas, de diviser celle-ci à nouveau par le *Canon* dont elle indiquait la formule d'ensemble, en l'appliquant à la figure humaine seulement, privée de son ornement de tête : c'est-à-dire, diviser par 21 parties égales et une fraction, cette même figurine, depuis le sol jusqu'au sommet présumé de la tête, sous l'orbe qui la surmonte [1].

Nous donnons, ci-joint, par une répétition de ce dessin représentant la même figure égyptienne, le résultat que nous obtenions par ce nouveau mode de mensuration (fig. 2).

Ainsi que l'on peut s'en rendre compte, à première vue, et contrairement à l'affirmation que nous avons reproduite dans le passage précité de M. Ch. Blanc, c'est le résultat opposé à l'expérience qu'il dit avoir faite, qui en résulte; c'est-à-dire qu'en divisant cette figurine par la seconde méthode de mensuration que Diodore donne également comme celle de Polyclète, les pointes du compas viennent se placer, en rencontrant des têtes d'os, à chaque grande division naturelle du corps humain, et c'est ce qui n'existe dans la division par 19 (comme on peut le comparer) qu'à titre d'exception [1].

Ainsi, par ce nouveau mode de mensuration, nous trouvons : la *première Division* se placer sur la malléole interne inférieure ;

La *6e Division*, sur l'apophyse supérieure du Tibia au milieu de la Rotule ;

[1] Figure II.

La *11ᵉ Division*, sur la pointe de l'os pubis ;

La *15ᵉ Division*, à la pointe inférieure du sternum ;

La *17ᵉ Division*, à la fourchette des clavicules ;

La *18ᵉ Division*, à la base du menton (os maxillaire inférieur) ;

La *19ᵉ Division*, à la partie inférieure de l'os nasal (à la naissance du cartilage) ;

La *20ᵉ Division*, sur les frontaux ;

La *21ᵉ Division plus la fraction*, sur le sommet du crâne (en y comprenant le cuir chevelu et l'épaisseur présumée des cheveux).

Nous ne donnerons pas cette figurine, surtout dans sa division en 19 parties égales, comme pouvant être comparée aux œuvres grecques du siècle de Périclès; au contraire, nous y trouverions plutôt un caractère d'archaïsme commun aux œuvres des maîtres qui ont précédé cette grande époque de l'art. Nous avons voulu seulement, en la divisant par un autre canon que celui qui paraît lui être appliqué, nous rendre compte de l'emploi de celui auquel s'oppose formellement l'auteur de la *Grammaire du dessin*, et le résultat, s'il n'infirme pas la théorie de M. Ch. Blanc en ce qui concerne la formule du canon symétrique appliqué à la statuaire, *avant* Polyclète, est loin, en ce qui concerne la Théorie de ce grand maître de l'Art statuaire (affirmée par Diodore de Sicile), de lui donner un démenti dans la pratique.

Maintenant, reprenant la question au point de vue géométrique, la seule objection sur laquelle M. Ch. Blanc s'appuierait, avec quelque apparence de logique,

Planche II.

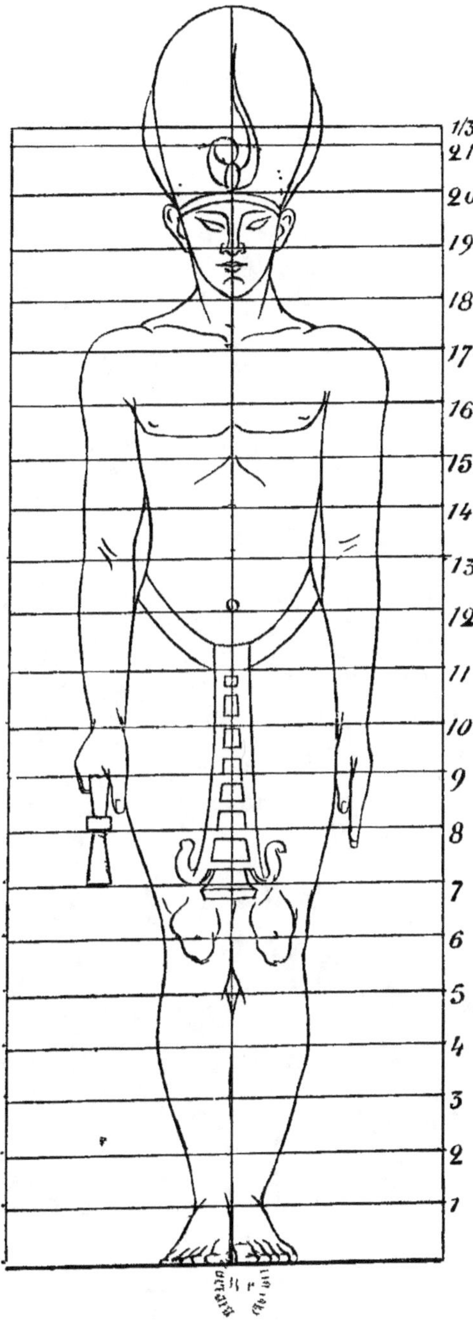

pour nier que le *Canon de Polyclète* ait pu diviser la figure humaine en 21 parties égales et une fraction (donnée pour être le quart d'une de ces parties, par Diodore), c'est le seul énoncé de cette fraction de *un quart*[1].

Ce sont justement ces mêmes raisons que nous présenterons, le compas à la main, dans le prochain chapitre, et qui nous serviront à trouver la base de la Théorie de Polyclète, en confirmant celle-ci d'une façon mathématique, et justement par l'énoncé de cette fraction, d'une façon rendue précise par une simple rectification de cet *Enoncé*, évalué à un quart de la mesure par Diodore de Sicile.


## OBSERVATIONS

Une observation assez curieuse s'est présentée au cours de nos investigations. En examinant dans ses détails cette petite figure égyptienne (fig. 2) ; une fois divisée en 21 portions égales et une fraction, on trouve que : en partant du sol, la 7ᵉ division qui fixe à peu près le tiers de la hauteur (21 : 3 = 7) vient mathématiquement mesurer, en la comprenant dans son entier, *le Canon de la Clé* que le personnage représenté tient dans sa main droite abaissée le long de la cuisse, donnant ainsi la mesure exacte de la division (1/21ᵉ)

De même que le fait remarquer M. Ch. Blanc[2] dans la division de cette figure par 19 (fig. 1), cette 7ᵉ mesure de 1/19ᵉ paraît contenir dans son entier le doigt médius de la main gauche de cette même figure appliquée le long de la cuisse gauche. C'est là aussi un des arguments sur lequel s'appuie

[1] Voir figure II.
[2] Voir figure III.

5

l'illustre écrivain pour déterminer sa conviction au sujet de l'impossibilité d'appliquer au corps humain une mesure le divisant par 21 parties et une fraction et affirmer l'emploi unique d'un Canon diviseur par 19, indiqué par la mesure du doigt médius [1].

Quant à nous, nous admettons pleinement le fait d'un détail indicateur d'une division primitive par 19, qui serait effectivement la longueur du doigt médius pris dans son entier, mesure exprimée géométriquement dans cette figure humaine [2] ainsi mesurée. Mais nous trouvons de notre côté, par l'observation que nous avons précédemment décrite, l'affirmation (cachée il est vrai, et que le compas nous fournit de lui-même) de ce second principe géométrique qui est l'objet de nos recherches. C'est ce que les raisons que nous exposerons dans le deuxième chapitre viendront pleinement justifier. De même nous pourrions en conclure que cette petite figure égyptienne offre, tout au moins, la présence de deux des *Canons*, dont parle Lepsius ; et peut-être, en cherchant bien, par cette réunion sur la même figure de deux divisions différentes, l'une par 19, l'autre par 21 parties et une fraction, la présence aussi du 3e canon (véritable *Canon idéal*), par l'importance donnée au crâne et l'orbe qui le surmonte, divisant le tout par cette formule de 21 parties et une fraction, et montrant ainsi la prédominance de l'Intelligence et l'Esprit sur la matière, sous une représentation hiératique, peut-être celle d'une Divinité.

D'autre part, nous signalerons en passant, et sans nous y arrêter, que *la clé* dans la science hiéroglyphique signifie *la Vie*.

Sans que cette dernière remarque ait peut-être, en ce qui nous occupe, la moindre importance, il nous a néanmoins paru intéressant de la signaler à l'attention du lecteur, surtout s'il s'occupe d'Egyptiologie.

[1] Voir figure I.

[2] Voir figure I.

Planche III.

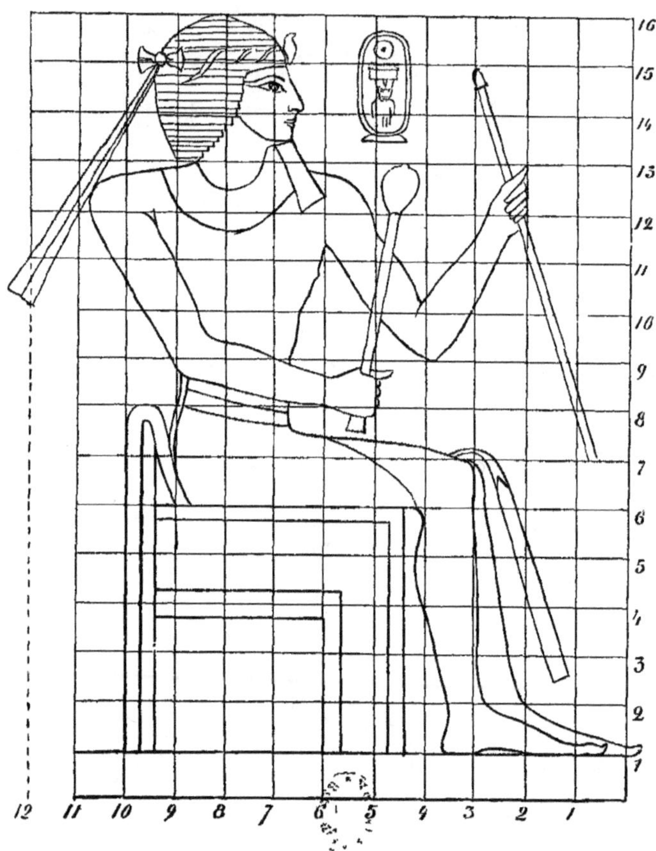


FIGURE DE TOUTMÈS III

## OBSERVATIONS SUR UNE AUTRE FIGURE ÉGYPTIENNE ASSISE

### REPRODUITE DANS L'OUVRAGE DE LEPSIUS SOUS LE NOM DE TOUTMÈS III

Cette figure dont nous donnons ici la représentation, de même que M. Ch. Blanc l'a également reproduite dans la *Grammaire des Arts du dessin* à l'appui de sa théorie du Canon diviseur par 19 parties égales — et sur laquelle nous ne saisissons pas bien en quoi sa théorie est appliquée — cette figure, disons-nous, nous offre aussi un véritable problème hiéroglyphique. Et si nous la mettons sous les yeux du lecteur, ce n'est pas pour justifier exactement notre théorie de division par 21 1/3 qui ne s'y trouve pas strictement observée, dès l'abord, pas plus que celle par 19 qui ne s'y retrouve nullement ; mais parce qu'elle se rapproche sensiblement de la première. En tout cas, elle offre la preuve qu'un système mathématique se trouvait toujours appliqué par les Egyptiens à la représentation humaine.

Nous soumettons seulement au lecteur nos observations faciles à contrôler.

Cette figure représente le monarque égyptien assis sur son trône, dans la pose hiératique, c'est-à-dire les jambes de profil, et le torse de face. Dans sa main droite, il tient l'instrument que les Egyptiologues disent être celui des châtiments, dans la main gauche, le bâton de justice, emblème de la récompense ; sa tête est coiffée du *Pshah* et surmontée de l'aspic. Dans le champ du cartouche qui se trouve divisé par un nombre égal de carrés parfaits (à l'exception de la dernière rangée qui n'en renferme que cinq), et sur laquelle toute la figure est dessinée, se trouve le sceau royal indiqué à la hauteur exacte du visage, dont il reproduit la hauteur totale. Ce sceau est entouré dans sa forme oblongue d'une sertissure appuyée sur un petit pié-douche et terminé par une ligne horizontale.

Dans l'intérieur du sceau, en haut, un cercle et son point de centre ; au-dessous du cercle, une règle horizontale portant un

certain nombre de divisions infinitésimales ; au-dessous, une
main gauche figurée ouverte les doigts en bas, intérieurement, et
surmontée d'une espèce de Scarabée. Maintenant, est-ce une coïn-
cidence ? La base du support terminé par une ligne droite horizontale offre *exactement* la même mesure que celle qui divise, en
carré, l'ensemble de toute la figure. De plus, nous observons
que la mitre qui vient coiffer la tête du Monarque offre 21 divisions transversales (plus une division plus faible), à peu près
égales.

Si nous divisons cette figure assise par cette mesure, ce
*Canon*, nous trouvons cette proportion dans son ensemble ainsi
divisée :

Depuis le sol au sommet du genou.      |  6 divisions

Depuis cette partie à la tête du grand tro-
chanter.    }  5  —

Depuis la partie inférieure de la cuisse là où
elle s'appuie sur la chaise, à la première
pièce supérieure du sternum.   }  6  —

De là, au haut de la tête, à la dernière division.   }  4  —

Total. . . . 21 divisions.

Nous ne prétendons pas que la mensuration de cette figure
soit une preuve à l'appui de celle qui consiste à diviser la figure
humaine dans son ensemble, par la formule du canon 21 et une
fraction, puisqu'il n'y a pas trace de cette fraction génératrice.
Néanmoins ne pourrait-on admettre que ce ne soit une
forte présomption en faveur de cette division et aucune pour
celle par 19 ? Ne serait-il pas possible alors que, lorsque la
figure est assise par suite de l'aplatissement des muscles et la
différente de position des leviers du squelette, celle-ci éprouve
une légère diminution dans la hauteur totale, pouvant aussi
s'évaluer à 1/3 de 1/21. En tout cas, et telle qu'elle est, nous
n'affirmons rien et signalons encore ce problème hiéroglyphique
à l'attention des Égyptiologues.

# CHAPITRE II

Nous avons dit précédemment que nous admettions parfaitement avec M. Ch. Blanc que sa théorie, qui consiste dans l'application d'une règle, divisant la figure humaine en dix-neuf parties égales, à la construction des statues, ait été pratiquée par les Grecs, autant que par les Egyptiens, et nous admettons également que la base de cette théorie, présentée par M. Ch. Blanc, se trouvait dans la mesure exacte du doigt médius entier, ainsi qu'il le constate ; c'est là l'ingéniosité de la découverte de l'éminent écrivain, faite au moyen de cette figurine sur laquelle il l'a remarqué[1].

Convaincu, de notre côté, d'avoir également retrouvé déjà des preuves géométriques d'un canon divisant la figure humaine par d'autres principes, il devenait important de rechercher de même, s'il n'était pas impossible de retrouver également dans l'homme le principe générateur de cette nouvelle division, confirmée

[1] Voir : Observations à la fin du chapitre I<sup>er</sup>.

déjà par le compas et par cette indication hiérogly-phique dont nous avons parlé précédemment à la fin du précédent chapitre.

Or, quelle pouvait être, avions-nous à nous de-mander, cette partie du corps humain pouvant offrir une Unité de division, destinée, par sa perfection, à régler dans son entier, comme le dit M. Ch. Blanc, toute la symétrie des parties du corps humain?

Certes, ce n'était pas le doigt médius lui-même qui pouvait fournir, dans son entier, l'unité de cette nou-velle méthode de mensuration; puisque c'est lui qui avait déjà servi à établir le système de division de la figure humaine en dix-neuf parties égales. En outre, depuis longtemps, nous avions même fait la réflexion que cette unité sur laquelle se basait ce système primi-tif, pour en déterminer la symétrie, n'était pas, elle-même, une unité réelle, au point de vue absolu, puisque ce doigt, composé de trois phalanges, est formé, par conséquent, de trois unités représentées par trois parties osseuses reliées entre elles par des cartilages?

Néanmoins, pensant que M. Ch. Blanc, par sa dé-couverte si ingénieuse, n'était pas bien éloigné du but que nous poursuivions, en disant « que l'Unité d'un système harmonique de mensuration devait être pris dans la main », il nous parut logique de suivre la même voie et d'y chercher aussi cette mesure normale naturelle, ce τελειον[1], base de toute la symétrie du système préconisé par Diodore.

---

[1] Voir Vitruve, livre III, chapitre 1er (traduction de Perrault).

Planche IV.


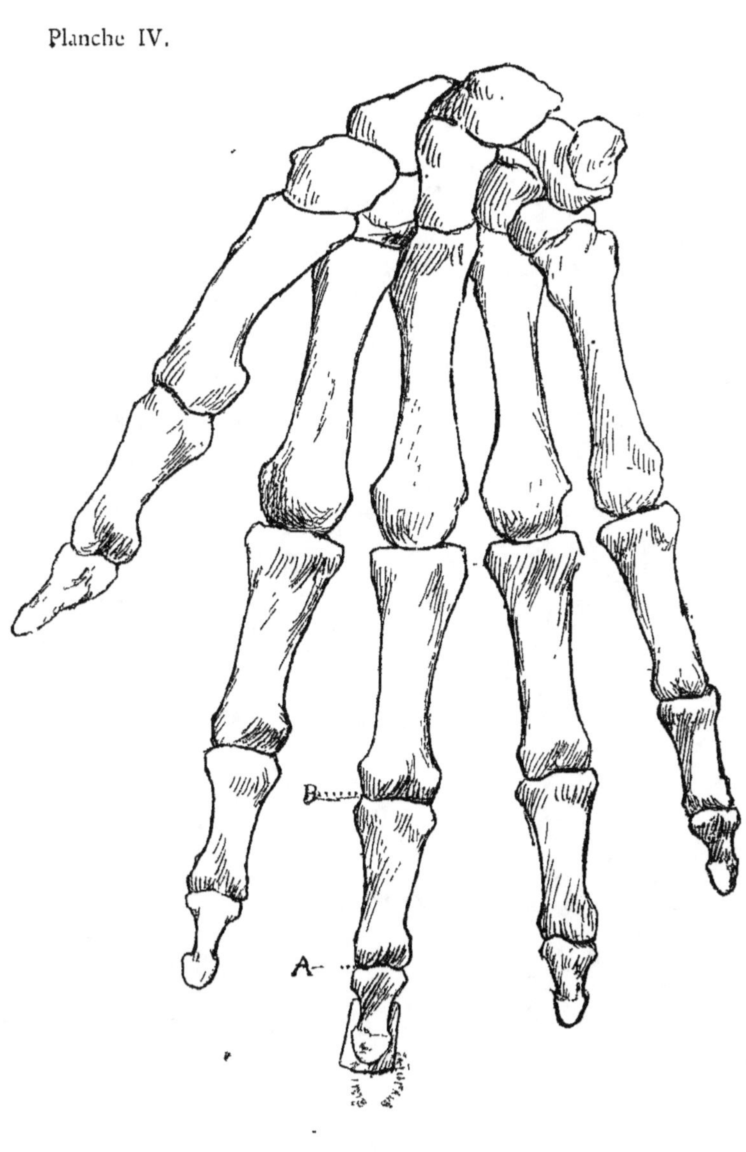

B
A

Nous dirons, de suite, que le résultat de ces recherches fut la conviction justifiée, qu'effectivement le principe de cette division parfaite que le compas nous avait déjà confirmée, existait dans le corps humain; qu'elle était bien, par conséquent, un principe harmonique naturel fourni par le *divin Géomètre*, comme l'appelle l'auteur de la *Grammaire des Arts du dessin*.

Et nous trouvions que ce diviseur parfait, base de toute la symétrie du corps humain — de l'œuvre que la Genèse affirme avoir été créée par Dieu, à son image — se trouvait effectivement renfermé dans la main dont, — nous dit le R. P. Martinez[1], — « *les os, depuis la naissance jusqu'à la mort, croissent et se maintiennent dans les mêmes relations de proportions avec l'ensemble du corps humain*[2] ».

Et, après bien des calculs de comparaison, des résultats plus ou moins encourageants, nous trouvions enfin que la *seconde phalange*[3] *du doigt médius équivalait à la* 64e *partie* du corps humain, dans sa hauteur, mesuré à partir du sol, jusqu'au sommet de la tête, le divisant ainsi en 64 parties égales dans son entier, perpendiculairement et en carré, les bras étendus.

Nous trouvions aussi, qu'en faisant abstraction d'une de ces parties, il nous restait le nombre 63, nombre divisible par 7, par 9, et par 3 et que ce nombre 63 divisé par 3 nous donnant le nombre 21, auquel,

---

[1] Voir *Traité d'anatomie* du R. P. Martinez.

[2] Voir *Planches d'anatomie* et *Traité* du R. P. Martinez.

[3] 1re phalange, *phalange ;* 2e.phalange, *phalangine ;* 3e phalange, *pha langette.*

si l'on vient ajouter la fraction *un tiers*, c'est-à-dire la longueur exacte de la phalange moyenne du doigt médius, prise pour l'Unité parfaite (comme nous l'avons dit), cette division par 21 et un tiers, équivalait à la formule du *Canon* rapporté par Diodore comme étant celui de *Polyclète*, à la différence minime près, que l'unité de la fraction (qui en faisait, *à priori*, repousser toute l'authencité par M. Ch. Blanc) se trouve varier du quart *au tiers* dans l'*Énoncé*. En conséquence, et dès lors, le système préconisé par Diodore et par le docteur Lepsius nous paraissait bien près d'être exact, en tous cas justifiable.

Nous allons maintenant présenter les raisons qui nous font l'affirmer comme étant la vérité corroborée par les preuves mathématiques que nous venons de soumettre au lecteur. Celles-ci, d'ores et déjà, lui pourront faire admettre avec nous que ce système de mensuration est bien celui dont parlent les auteurs anciens, ainsi que Lepsius, malgré la différence d'*Énoncé* de cette fraction d'un *quart* au lieu du *tiers*, que nous présentons ici comme devant lui être substitué, et qui devient alors la base de cette mensuration constatée par Diodore de Sicile, comme celle qui fut établie au temps de Psammétichus, et appliquée généralement par les Grecs.

Pour nous appuyer dans l'affirmation de notre théorie et pouvoir répondre à toute objection sur ce point, ayant déjà pour nous l'évidence pratique, ainsi qu'il peut l'être constaté, ne pouvons-nous pas penser, en ce qui concerne l'unité correspondant à l'*énoncé* de la fraction et le changement qui en résulte dans ses conséquences géométriques, que, si Diodore de Sicile l'a fixée à un quart, c'est, d'une part, peut-être parce qu'il ne connaissait probablement pas cette *Unité*, à laquelle correspondait la fraction et dont il ne pouvait, par conséquent, comprendre toute l'importance géométrique. Ou, de l'autre, parce qu'il a pu donner ce renseignement tel qu'il lui avait été vraisemblablement communiqué, comme tant d'autres, par les prêtres égyptiens, propageant par là, sans s'en douter, une erreur, qui, en somme, portait sur une quantité infinitésimale et dont il n'avait pas pour mission de contrôler la portée, ni à la mettre en pratique; d'autant plus qu'il voyait appliquer la méthode par les artistes de son temps.

Peut-être aussi, connaissant les précautions mystérieuses dont les prêtres égyptiens entouraient tout ce qui avait rapport à leur science dont, gardiens jaloux, ils ne devaient livrer les secrets qu'aux seuls initiés, est-il permis de penser, qu'en donnant à l'écrivain voyageur des renseignements généraux sur la statuaire, s'ils ont bien voulu lui communiquer la formule de cette nouvelle division symétrique du corps humain (appliquée à la construction de leurs statues hiératiques), ils se sont bien gardés de lui en dévoiler le principe, qui justement réside, comme nous le disions, dans l'*énoncé* de cette fraction elle-même.

C'est cette fraction et le principe naturel auquel elle correspond, qu'ils devaient se soucier le plus de dissimuler avec soin, et, pour dérouter toutes les recherches, le moyen le plus simple était justement de changer l'énoncé de cette même fraction.

Du moment où ils auraient fourni un renseignement aussi exact, ils auraient ainsi eux-mêmes aidé à découvrir cette symétrie basée sur un secret naturel, et peut-être ce secret lui-même !

N'était-il pas, disons-nous, bien au contraire de leur devoir de le dissimuler, surtout vis-à-vis d'un étranger, d'un profane. C'est ce qu'il est beaucoup plus simple de supposer — étant donné les habitudes des détenteurs de la science égyptienne, dont le *Sphinx* était la véritable et palpable expression — et d'admettre, par conséquent, qu'en changeant dans les renseignements qu'ils communiquèrent à Diodore de Sicile le *tiers* pour le *quart*, dans l'*Énoncé* de la fraction, s'ajoutant au nombre symétrique, dont ils composaient le *Canon Égyptien* (dit de Psammétichus), ils employaient le véritable moyen de lui en rendre les origines inexplicables. En tous cas, si Diodore de Sicile avait été lui-même initié aux pratiques de la science égyptienne et qu'il eût, par conséquent, connu le secret qui formait la base d'un système appliqué aux œuvres appartenant, avant tout, à la statuaire religieuse, il lui aurait été certainement imposé de ne pas en révéler l'origine à d'autres ; donc, sciemment ou involontairement, il ne l'aurait jamais pu faire connaître aux profanes et devait alors propager une erreur de principe qui n'altérait en rien, pour ainsi dire, l'application du système d'ensemble.

Maintenant, que le secret concernant la base de ce même système naturel de division employé par les statuaires grecs leur ait été connu, c'est ce que nous ne pouvons approfondir, à moins que nous ne supposions, — ce qui est loin d'être invraisemblable, — que ceux-ci, comme les prêtres égyptiens, le connaissant, aient eu les mêmes raisons relatives à l'*Initiation*, pour en dissimuler l'origine, sinon la formule, au vulgaire.

Tout ce que nous avons voulu constater ici, c'est que les grands Artistes grecs, à partir du siècle de Périclès, appliquaient le système de la division de la figure humaine par 21 parties égales et une fraction. Que les origines de ce système leur aient été connues ou non et qu'ils en aient fixé la fraction à *un tiers* ou *un quart* dans l'application, en l'ajoutant à 21 parties égales, il importe peu, car le résultat était identique, vu le peu d'importance de la différence de la fraction dans la pratique.

En poussant aussi loin nos investigations, nous n'avons voulu obtenir qu'un résultat : c'était de prouver l'excellence du système du *Canon de Polyclète* et en affirmer les règles, règles qui furent suivies, non seulement à l'époque la plus florissante de la Grèce (c'est-à-dire le ve et le ive siècle avant Jésus-Christ), mais aussi pendant la longue période du merveilleux développement de l'Art grec. Et si nous avons été amené à en rechercher les origines, c'était surtout par suite de l'opinion émise par une grande Autorité en matière d'art, qui condamne, comme une erreur, la formule du *Canon*, divisant la figure humaine en 21 parties et une fraction, rapportée par Diodore de Sicile, comme étant celle du *Canon de Polyclète*.

Ces recherches nous ont alors conduit, en affirmant la parfaite symétrie du système de mensuration, employé par ce grand maître de l'art statuaire dans ses œuvres, ainsi que par ses successeurs et illustres contemporains, à découvrir sur quelle base naturelle ce merveilleux système était fondé, et c'est ce qui n'avait jamais été signalé jusqu'ici.

# CHAPITRE III

Dans le chapitre précédent, nous avons démontré par une théorie que la pratique est venue confirmer :

1° En quoi consistait le Canon de Polyclète, lequel conformément aux assertions de Diodore de Sicile (et après lui du docteur Lepsius) ne serait autre que le *Canon* appliqué au temps de Psammétichus par les prêtres égyptiens auxquels était réservée la confection des statues, — presque toutes destinées à la représentation des Dieux ou des grands personnages déifiés après leur mort, — et que ce Canon était basé sur les règles harmoniques qui divisent le corps humain (conformément à la nature) en vingt et une parties égales et une fraction que nous avons constatée être de un *tiers* de l'une de ces divisions, au lieu d'un *quart*.

2° En recherchant sur quelle base pouvait être fondée cette règle symétrique, nous avons trouvé que cette fraction même était la véritable *Unité* de mesure, la Norme, le τελειον, et que cette unité était formée par la longueur exacte de la phalange moyenne du doigt médius, dite phalangine, prise dans la main même du sujet à représenter : que cette Unité, contenue soixante-quatre fois dans la hauteur totale de la figure humaine et la divisant mathématiquement par une mesure composée de trois de ces parties — c'est-à-dire 64 : 3 = 21 1/3 — formait ainsi la règle du Canon diviseur de la statue dans sa hauteur totale par vingt et une parties égales auxquelles s'ajoutait l'unité 1/64ᵉ, c'est-à-dire un tiers de la formule 21, équivalant à l'unité génératrice de tout le système de mensuration, et qu'ainsi, la Théorie du *Canon du Polyclète* divisant le corps humain dans sa hauteur, en *vingt et une parties* et une *fraction*, que nous avons ainsi rectifiée à un *tiers*, est parfaitement justifiée aussi bien qu'elle est conforme à la tradition, telle qu'elle est rapportée par les auteurs anciens.

En conséquence, pour joindre la pratique à la théorie, il nous parut intéressant de mesurer par ce *Canon* plusieurs statues grecques de la plus belle époque, et nos investigations vinrent pleinement confirmer celle-ci.

Une, parmi ces statues [1], attirait surtout notre attention, par la régularité accentuée, comme à dessein, de ses belles proportions et son exécution puissante et magistrale, unie à un sentiment de vie et d'harmonie qui ne sont surpassées dans aucune œuvre de cette époque de l'Art. Nous voulons parler de la statue dite l'*Achille*, faisant partie de la collection des antiques du musée du Louvre.

C'est cette statue, avons-nous dit précédemment,

---

[1] Voir planche V : *Le Doryphore*.

que plusieurs archéologues et artistes ont cru reconnaître pour une copie du célèbre *Doryphore*, œuvre de Polyclète, celle-là même exécutée par le grand statuaire pour illustrer sa théorie des *Canons*.

En tout cas, cette statue est de Polyclète (ainsi que le *Diadumenos*) et offre un des plus beaux spécimens de l'Art statuaire à sa plus belle époque. Pour toutes ces raisons, nous crûmes ne pouvoir mieux faire que de nous en servir, pour soutenir notre thèse, après lui avoir appliqué la formule du *Canon* diviseur rapporté comme étant celui du grand Artiste qui avait construit la statue même.

C'est le résultat de cette mensuration que nous plaçons ici sous les yeux du lecteur[1].

Pour mieux nous rendre compte de l'excellence de ce système de mensuration appliqué à cette statue et juger des différences que sa Théorie pourrait offrir avec celle de la division par dix-neuf parties égales, système préconisé, uous l'avons dit, par M. Ch. Blanc, comme ayant toujours été employé à l'exclusion de tout autre, par Polyclète lui-même, et par les statuaires grecs, nous avons également placé en regard de la statue, divisée par ce *Canon*, une reproduction de la même divisée par dix-neuf parties et que nous appellerons, dès à présent, *Canon primitif*, ou *Egynète*.

Nous avons pensé qu'en précisant de cette façon ces deux modes de mensuration sur la même statue grecque, comme nous l'avons fait sur une statue égyp-

---

[1] Voir planche V : *Le Doryphore*.

tienne et les plaçant en regard, la question se trouvant décidée par le compas, nous n'aurions plus à y revenir.

## DIVISION DU DORYPHORE PAR LE CANON DE POLYCLÈTE

(Formule 21 1/3) ou 64 parties égales[1].)

*Hauteur totale à partir du sol.*

| | | |
|---|---|---|
| 1<sup>re</sup> Division | Se place | sur la malléole interne ; |
| 6<sup>e</sup> | — | sur le milieu de la rotule ; |
| 11<sup>e</sup> | — | sur la symphyse du pubis ; |
| 14<sup>e</sup> | — | à la pointe inférieure du sternum, sous les pectoraux ; |
| 17<sup>e</sup> | — | à la fourchette de la clavicule, sur la première pièce du sternum ; |
| 18<sup>e</sup> | — | sur la pointe inférieure du menton ; |
| 19<sup>e</sup> | — | sur l'extrémité inférieure de l'os nasal ; |
| 20<sup>e</sup> | — | sur les frontaux ; |
| 21<sup>e</sup> 1/3 | — | à la partie supérieure du crâne supposée sous le casque [2]. |

Il est bien facile de se convaincre que toutes ces grandes mesures, dans leurs divisions, en venant s'appliquer sur les têtes d'os, soulignent ainsi, en s'y rapportant, les proportions harmonieuses de la nature. Le sujet vivant qui avait servi à la construction de cette œuvre magistrale, devait les présenter ainsi.

[1] Les mesures suivantes ont été relevées, avec le plus grand soin, par l'Auteur, sur le moulage de la Statue du Louvre et se sont trouvées absolument exactes. Les petites différences apparentes dans sa représentation (Planche V) et surtout à partir de la 17<sup>e</sup> division, proviennent de la perspective reproduite par l'appareil de photographie et de la déformation lenticulaire.

[2] Nota. Une indentation placée à la base du cimier du casque, sur le crâne, paraît l'indiquer expressément.

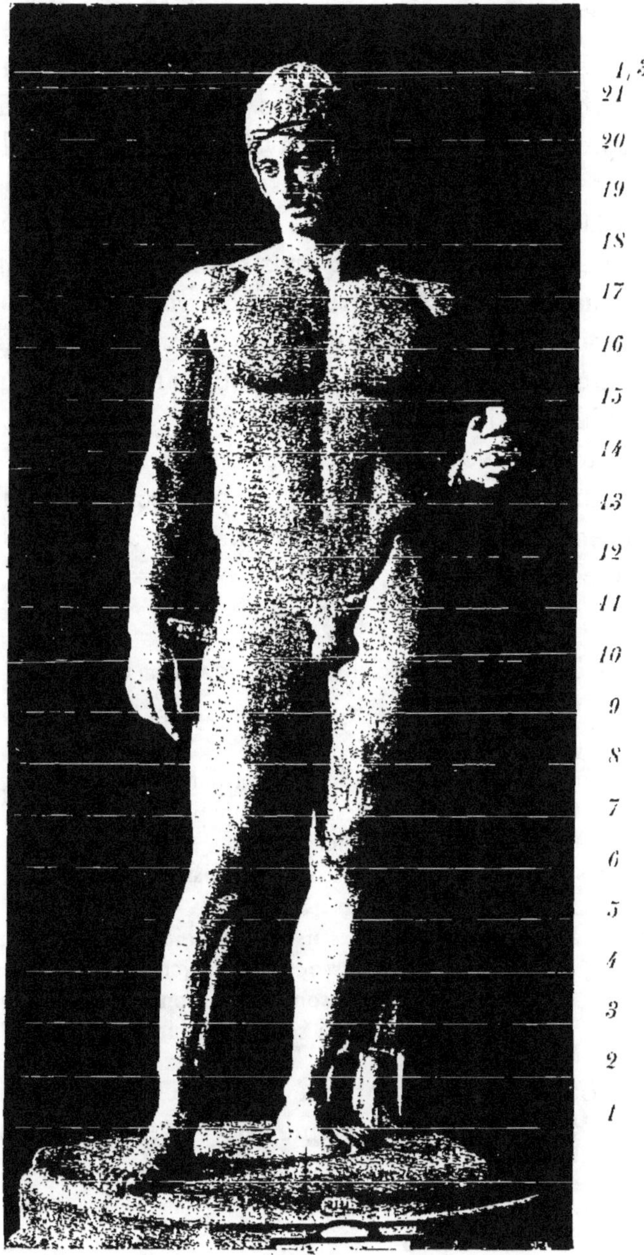



LE DORYPHORE

Canon de Polyclète (Divisé par 21 parties 1/3).

(Musée du Louvre.)

D'après *Viardot*[1], « Polyclète, pour exécuter la statue
« qui confirmait la théorie des Canons qu'il avait
« adoptée et qu'il enseignait, avait pris pour modèle
« un des gardes du Roi de Perse, l'un de ceux qu'on
« appelait *Doryphores;* » c'est ce qu'il affirme avec
plusieurs autres savants et artistes. La mensuration
que nous venons de mettre sous les yeux du lecteur
nous donne en tout cas, une preuve convaincante du
mode qui présida à sa construction par son auteur
quel qu'il fût, si ce n'est Polyclète.

Maintenant, voyons le résultat des mesures symé-
triques du Canon diviseur par 19, appliquées à la même
statue en la mesurant par cette formuie ainsi que le
conseille M. Ch. Blanc.

### DIVISION DU DORYPHORE PAR LE CANON PRIMITIF

(En 19 parties égales dans sa hauteur à partir du sol[2].)

1<sup>re</sup> Division. Se place au-dessus de la malléole.

| | | |
|---|---|---|
| 5ᵉ | — | au-dessus de l'apophyse supérieure du tibia. |
| 10ᵉ | — | au-dessus du pubis. |
| 11ᵉ | — | sur le nombril. |
| 12ᵉ | — | au-dessus de la pointe du sternum. |
| 15ᵉ | — | au-dessous des clavicules. |
| 16ᵉ | — | au-dessous du menton. |
| 19ᵉ | | termine la crâne sous le casque. |

Par conséquent, si la première mesure commençant
à partir du sol, la dix-neuvième arrivant effectivement

---

[1] Viardot. *Merveilles de la sculpture.*

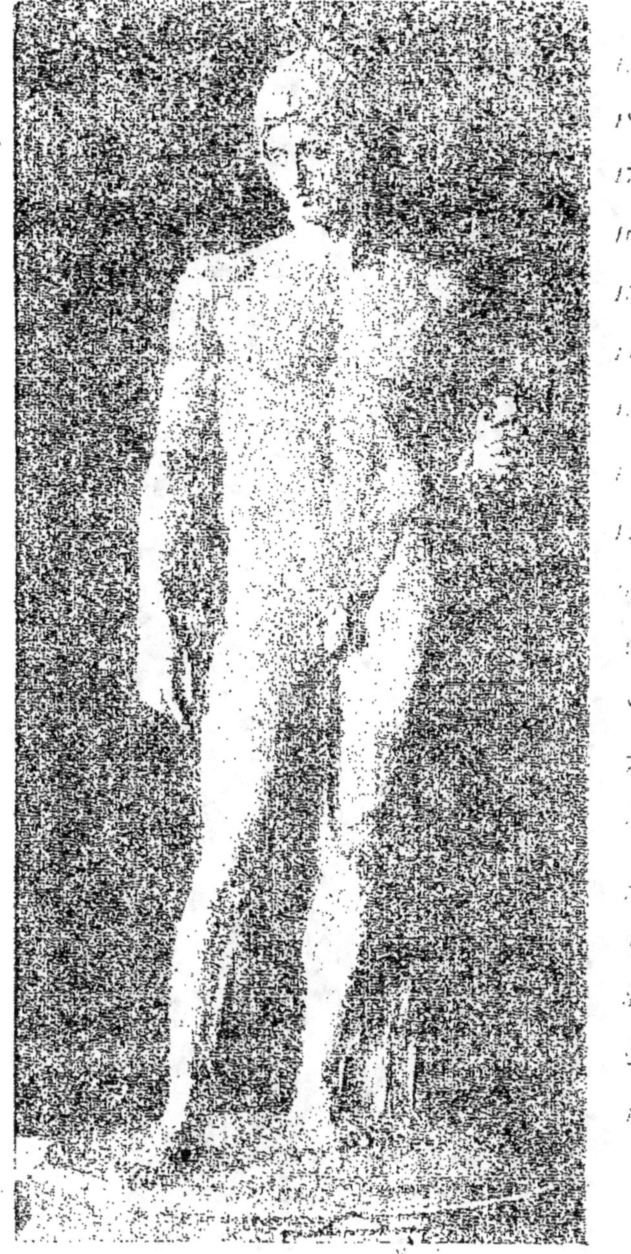

LE DORYPHORE

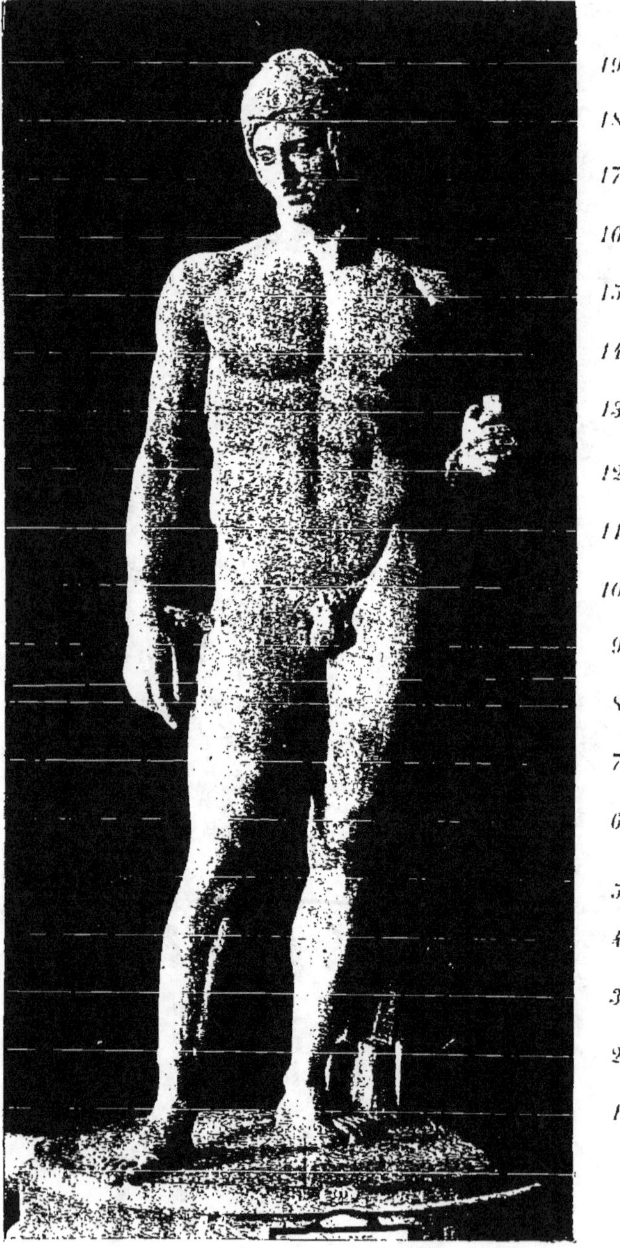

LE DORYPHORE

Canon Égynète (Division par 19 parties égales).

(Musée du Louvre.)

sur le sommet de la tête, cette formule de $1/19^e$ divise ainsi la statue en dix-neuf parties égales, il est impossible, comme résultat, au point de vue harmonique, et malgré l'affirmation de M. Ch. Blanc, d'admettre, avec l'éminent critique d'art, que ce *Canon* ait jamais pu diriger l'exécution de cette statue. Si celle-ci est l'œuvre de Polyclète, ce *Canon* n'a jamais pu être le sien et son travail régi par la formule qui compose celui-ci ; puisque toutes les mesures de division, que règle cette formule, tombent en dehors et à côté des grandes divisions de la statue, représentation parfaite de la figure humaine. C'est ce que nous voulions démontrer.

Toute autre explication serait, croyons-nous, superflue, pour éclairer la question qui nous semble ainsi résolue. En terminant ce sujet, qui, en somme, peut avoir surtout un intérêt rétrospectif, vu le degré de supériorité atteint ·par l'Art statuaire actuellement — surtout en France — il nous a paru cependant intéressant, en nous plaçant seulement à ce point de vue, d'avoir pu contribuer à terminer (si l'on admet nos raisons comme concluantes, ainsi que nos preuves à l'appui), la discussion sur ce sujet qui, jusqu'à présent, n'avait guère pu aboutir, faute de preuves rigoureusement mathématiques et une formule géométrique, sans lesquelles il était impossible de rien confirmer, ni préciser.

Néanmoins, tout en admettant que l'intérêt qui s'attache à cette question soit, comme nous le disons, surtout archéologique et rétrospectif ; nous avons voulu, comme statuaire, nous assurer d'une façon plus pratique, encore que la mensuration sur les œuvres grecques, de l'excellence de cette théorie qui avait servi de point de départ à celle de leur exécution et pouvoir ainsi confirmer vis-à-vis de nous-même la tradition consacrée.

Nous avons alors exécuté un petit modèle de statue, en nous renfermant strictement et textuellement dans cette théorie de mensuration par 21 1/3, que nous avons surabondamment décrite[1]. Le résultat de ce travail, sans grande valeur d'autre part, hâtons-nous de le dire, a été suffisamment encourageant au point de vue spécial de l'harmonie des proportions de la figure humaine, pour venir confirmer, à nos yeux, le bien fondé de cette admirable Théorie et de la Tradition. Il en est résulté, pour nous, la conviction que cette méthode de division naturelle, par sa facilité d'application et l'harmonie qu'elle imprime à l'œuvre de l'Artiste, dans l'ensemble de toutes ses parties, pouvait être appliquée avec fruit et rendre encore de grands services à l'art statuaire.

D'autre part, nous dirons que, depuis le moment où nous avons, par l'expérience personnelle, également reconnu l'excellence et la perfection réelle de ce système de mensuration des statues, nous l'avons appliqué pratiquement aussi à celle du sujet vivant. Ce système mathématique nous a permis de vérifier rapidement par le compas, et les noter, toutes les diffé-

---

[1] Voir planche VII.

rences individuelles qui existent dans les proportions
relatives d'un sujet à un autre, sur le corps humain, et,
par là, en reconnaître les types différents. Nous avons
constaté effectivement que, loin de borner la représentation de la nature à un seul type de la figure humaine,
ce moyen d'investigation, ayant une base mathématique permettant d'établir de même les différences de
caractère des individualités, donnait, au contraire la
plus grande liberté d'action au statuaire. Il a, dès lors,
à sa disposition, un mode de mensuration du corps
humain qui lui permet, par l'application d'une théorie
des règles harmoniques, de vérifier jusqu'à quel point
il s'éloigne, ou se rapproche de celles de tels ou tels
types de la Beauté humaine.

Nous aurons, en outre, d'après ces recherches, et les
résultats que nous venons d'exposer ici (peut-être trop
longuement), acquis la persuasion que ce système qui
repose sur un ordre naturel et offre une symétrie parfaite des divisions harmoniques du corps humain, non
seulement, les établit dans la hauteur du sujet à représenter dans ses sections transversales, mais forme aussi
bien un ensemble harmonieux dans les relations de
toutes les parties du corps humain entre elles (longueur, largeur et épaisseur). En regrettant qu'il ne nous
fût pas permis par le manque de temps, de rechercher
tous les détails de cet ensemble qui devaient faire partie de la Théorie complète des règles harmoniques ins-
crites au *Canon de Polyclète*, nous devons ici nous
limiter à la tâche d'avoir reconnu l'origine, et surtout
l'exactitude de la *formule* de sa division totale.

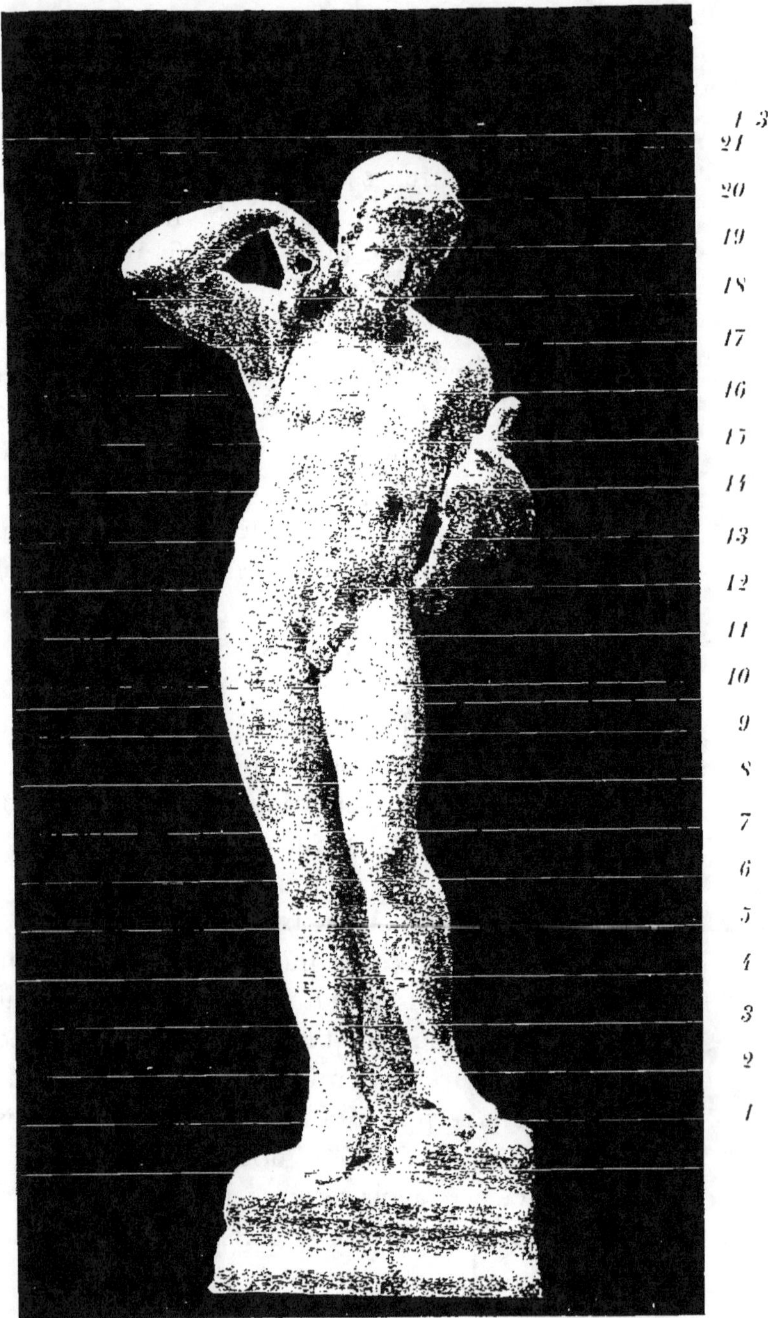



LE JEUNE THÉSÉE

Application du Canon de Polyclète. (Division par 21 parties 1 ⅓.)

En tout cas, nous serions trop heureux d'avoir pu contribuer à ce résultat en offrant, après l'avoir retrouvé, ce point de départ, comme celui des recherches des Archéologues et des Artistes qui voudraient compléter le système harmonique des formes du corps humain. Et par là, retrouver l'*Ensemble* des règles de l'art statuaire appliquées pendant la période la plus florissante de l'art grec, par de nouvelles observations ayant pour base la *Formule* rapportée par Diodore de Sicile, et après lui le savant Lepsius, comme nous avons pu l'affirmer (en la rectifiant d'une façon exacte), base sur laquelle reposait tout le système de mensuration connu sous le nom de CANONS DE POLYCLÈTE.

# NOTE ADDITIONNELLE



DU MODE DE MENSURATION PRATIQUE SUR LE SUJET
VIVANT, APPLIQUÉ A L'ART STATUAIRE

Nous avons dit que la phalange médiale du doigt
médius, par sa longueur prise dans la main, était con-

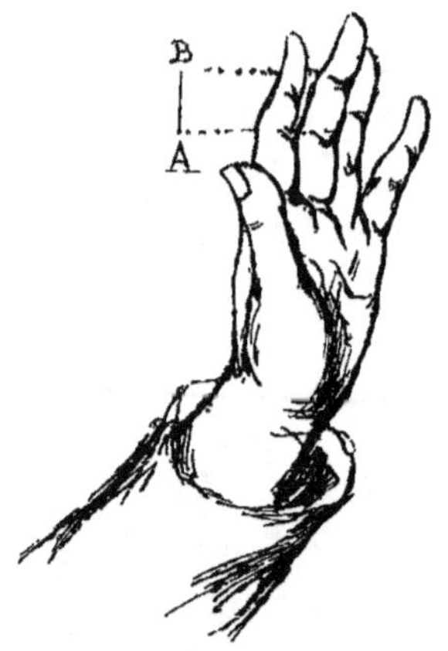

Planche VIII.

tenue 64 fois dans la hauteur de la figure humaine.
Or, si l'on peut vérifier ce fait naturel sur le vif (comme
sur le squelette humain également), la prise de cette

mesure devant servir à former le *Canon* qui doit présider à sa représentation statuaire, quoique pouvant
être constatée tout aussi exactement sur l'homme
vivant, demande une opération faite avec une grande
délicatesse, puisque la moindre erreur dans le résultat,
répétée 64 fois, devient alors considérable et ferait man-
quer toute l'opération.

Nous en donnerons ici le moyen pratique.

Ouvrant les deux branches d'un compas très affilé,
on lui fait mesurer exactement l'espace contenu dans
la main du sujet vivant, entre deux lignes très indiquées
A B[1], sur le côté gauche de la phalange médiale du
doigt médius, en présentant la paume de la main en
avant, le doigt médius légèrement courbé. Après avoir
vérifié rigoureusement cette mesure et l'avoir reportée
sur un double décimètre (portant la division en millimètres), on recommence la même opération sur le
doigt médius de l'autre main, en suivant le même procédé.

Si quelquefois les deux mesures se trouvent différer,
même infinitésimalement, il faut les additionner et
en prendre la moyenne[2].

Dans les deux cas, qu'elles soient égales, ou que l'on
doive procéder par la moyenne, il faut multiplier la
mesure ou cette moyenne par 64, et l'on trouvera que
le produit obtenu est mathématiquement identique, en

[1] Voir planche n° VIII.

[2] Ce fait se représente assez fréquemment et l'on peut l'expliquer
par l'usage moins constant d'une main, que celui de l'autre qui, dans ce
cas, perd légèrement sur la proportion acquise par l'autre main.

mètre, centimètres et millimètres, à la hauteur du sujet que l'on a ainsi mesuré, si l'opération a été soigneusement faite ; et ce, pour tout être humain, *à quel âge qu'il soit arrivé, depuis sa naissance même, jusqu'à sa mort*, à moins d'infirmité ou de défaut de conformation exceptionnel.

L'opération inverse, par conséquent, peut être faite également : en prenant au moyen du mètre la hauteur rigoureusement exacte d'un sujet vivant, on peut diviser par 64 cette mesure totale, le quotient de cette division sera mathématiquement égal à la longueur de la phalangine du doigt médius ; ces deux opérations, par conséquent, pouvant se servir mutuellement de preuves mathématiques [1].

[1] Nous ajouterons que pour les expériences à faire sur ce mode de mensuration, pour toute personne n'en ayant pas l'habitude, et pouvoir obtenir rapidement la mesure de la phalangine médiale d'une façon absolument mathématique, cette seconde manière de procéder est plus facile et plus rapide, en ne donnant lieu à aucun tâtonnement

FIN DE L'ÉTUDE SUR LES *Canons de Polyclète*

# LA FORME HUMAINE

CONSIDÉRÉE COMME PRINCIPE GÉNÉRATEUR
DANS LA CONFECTION DES VASES GRECS ET ROMAINS

## AVANT-PROPOS

Ce petit essai est entièrement consacré au rôle attribué à l'étude des formes humaines, vues dans le vide, pour l'histoire de la Céramique chez les Anciens. Nous nous contenterons de développer brièvement notre Théorie, à ce sujet, dans les quelques lignes qui vont suivre.

## I

Lorsque le premier inventeur de la Céramique qui fut un potier d'argile, eut l'idée de façonner un vase creux pour en faire un récipient et le destiner, après la cuisson, à contenir le liquide qu'il voulait conserver, son premier outil fut naturellement la main, comme aujourd'hui encore, il est facile de le constater, dans tout atelier où est installée ce qu'on appelle la *Roue du Potier*. Depuis la découverte de la Céramique, l'instrument a peu varié (les fresques aussi bien que l'outillage retrouvés à Pompéi viennent en témoigner).

Plus tard, au fur et à mesure que vinrent s'augmenter et se diversifier les applications de l'Art du Potier, celui-ci commença à se servir de profils. Tout en s'aidant de ses mains et pressant dans cette double étreinte l'argile plastique qu'il faisait tourner, au moyen de la roue — mue par ses pieds ou tout autre moteur — il appliquait de temps à autre son profil, découpé dans le bois ou le métal, sur le travail pour en vérifier et rectifier les contours, et l'œuvre se parfaisait ainsi.

L'on voit que ce procédé est bien simple et, de plus, il n'a jamais varié, étant arrivé, pour ainsi dire, du premier coup, à sa perfection par sa simplicité même.

Plus tard et en rapport avec le degré de civilisation et des besoins dans tous les pays, soit en Orient, soit en Grèce, ces profils, engendrant la forme des vases, devinrent de plus en plus parfaits, l'œuvre de l'artiste s'en trouva plus parfaite également.

Or, si l'on vient à étudier les formes de ces poteries quelles qu'elles soient, même dès leur origine ou à peu près, il semble s'y trouver une analogie une similarité avec un principe d'harmonie qui nous est familier, une espèce de *Symétrie* qui répond à un sentiment de notre individualité même. La raison en est bien simple. Ainsi que pour l'architecture, l'homme s'est copié. De même que l'ouvrier, pour construire une maison, se servait de poutres droites perpendiculaires appelées jambages (c'est-à-dire jambes), ensuite établissait au-dessus ses poutres transversales (c'est-à-dire le tronc, le torse), puis terminait par le faîte (la tête); le potier, lui aussi, a copié la nature humaine, et au vase il a donné un pied, c'est-à-dire les pieds réunis (comme dans les sarcophages égyptiens les pieds dans une seule gaine), le corps du vase (la panse), et le sommet avec son ouverture (la tête).

Mais, pour en régler la forme extérieure, plus heureux que l'architecte, il avait un moyen aussi simple que merveilleux à sa disposition, et qu'il trouva tout naturellement; en voici la raison. Le jour où le premier potier inventa la roue, il appliqua, en les écartant pour s'en servir comme d'outils à tourner, ses deux pouces avec l'avant-main dans toute leur longueur, sur la masse informe de terre glaise qu'il avait déposée sur son plateau. La seule apposition des doigts, en les écartant à la distance qui lui paraissait devoir régler la forme voulue pour exécuter un vase, un cratère, une amphore ou toute autre œuvre céramique, lui donna extérieurement un profil dont les proportions furent parfaitement en rapport avec une ligne donnée par la nature, lui fournissant le profil. Puis ses doigts, plongeant dans la masse, allaient chercher la profondeur du vase à l'intérieur pour en former le récipient. L'observation, en conséquence, le conduisait bientôt à étudier, pour en former ses profils (et ce, dans le vide), les formes que pouvaient lui offrir ses mains écartées et placées dans telle ou telle inclinaison, à sa fantaisie; soit sur d'autres beaux spécimens de la main, en vue d'en obtenir des profils plus ou moins robustes ou élégants, qu'il ne lui restait plus qu'à appliquer sur l'argile, et lesquels se trouvaient être le point de départ de proportions naturelles et harmonieuses dans l'œuvre tout entière. Or, soit qu'il rejoignît les pouces sur la pointe des deux, en écartant les poignets par en bas ; soit qu'il rapprochât ceux-ci en éloignant les pouces l'un de l'autre, il avait toujours une forme extérieure de vase à sa disposition. Le modèle d'amphores retrouvées à Pompéi a pour forme exacte, augmentée dans son profil, celui qui est donné par le vide, entre les deux mains, les poignets rapprochés. (*Voir musée de Pompéi, provenant de la maison de Dioméde.*)

De là à regarder les autres formes de la nature humaine dans le vide et à inspecter celle des pieds rapprochés sur un point ou l'autre et les dessiner sur leur plan par terre, pour en avoir les profils d'écartement, comme pour les formes de la main, ou même en prendre les profils extérieurs, il n'y avait qu'une déduction bien naturelle. C'est ce qui eut lieu vraisemblablement, à en juger par le grand nombre de vases étrusques et grecs qui offrent des traces de ces profils, plus ou moins épurés et variés, mais toujours harmonieux.

De même, d'autres formes du corps humain durent être étudiées dans le but de se servir des profils obtenus et les appliquer dans de certaines données, pour en tirer les lignes et les formes les plus harmonieuses, propres à la Céramique.

Qui nous dit même que, dans la confection des vases grecs donnés en récompense aux athlètes vainqueurs des jeux publics (de même que pour leurs sta-

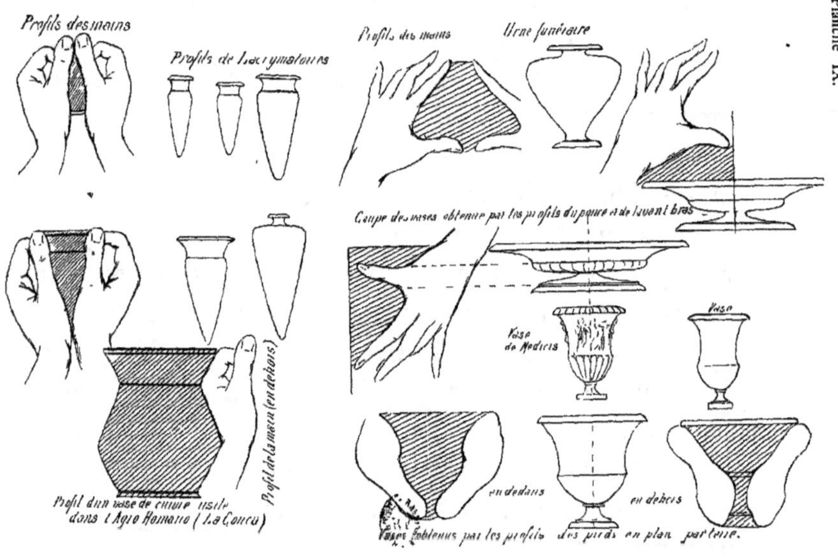

Profils des mains
Profils de Lacrymatoires
Profils des mains
Urne funéraire
Coupe des vases obtenue par les profils du pouce et de l'avant bras
Profil de la main (en dehors)
Vase de Medicis
Vase
en dedans
en dehors
Profil d'un vase de cuivre usité dans l'Agro Romano (La Conca)
Vases obtenus par les profils des pieds en plan par terre.

tues, pour lesquelles ils servaient de modèles au sculpteur) les artistes potiers ne se servaient de leurs formes
plastiques, utilisant celles qui pourraient leur être em-
pruntées pour la construction des vases qui devaient à
tout jamais rappeler leur victoire, et que l'on déposait
même dans leur tombeau, après leur mort, là où nous
les retrouvons aujourd'hui?

Nous pourrions fournir plus d'une preuve à l'appui
de nos assertions, si nous voulions entrer dans des
détails qu'il ne nous appartient pas de consigner ici,
pour prouver à quel point le choix et l'emploi de la
forme humaine entrait dans la pratique de l'Art céra-
nique, mais l'histoire se répète et, de nos jours même,
combien de formes ont été reproduites par l'argile ou
par le métal, après leur empreinte prise sur la nature
elle-même et appliquées à l'art ou à l'industrie.

Nous pourrions toujours citer ici l'exemple d'une
hétaïre célèbre de nos jours; un artiste de talent prit
l'empreinte, ou plutôt fit le moulage de ses seins; et de
l'une de ces empreintes, en forma l'intérieur d'une
coupe à champagne [1].

Il n'est pas difficile de trouver que c'était là de l'Art
renouvelé des Grecs [2] et certes la forme extérieure qu'il

---

[1] Emma C   . dite C.   P.. (D .., sculpteur).

[2] Un sculpteur grec se servit de l'empreinte d'un des seins d'Aspasie
pour en former une coupe. L'histoire ne dit-elle pas aussi, qu'une jeune
fille en tombant, avait laissé l'empreinte de son sein sur le sol argileux
et qu'on en fit le même usage?

Origines des profils des vases anciens, par les formes, vues dans le
vide, et donnés par les écartements des mains et des pieds. Voir planches IX et X.

donna à son œuvre devait se ressentir du procédé qui lui servit de point de départ. L'harmonie de lignes qui en résulta, fut une collaboration directe de la nature et de l'art. Du reste, l'histoire enregistre comme un fait certain, que Dibutade, fille d'un potier de terre, traça sur un mur, à la lueur d'une lampe, le profil qu'y venait projeter le visage de son amant, qui allait la quitter pour rejoindre l'armée des Grecs.

Puis, remplissant le vide avec de l'argile, elle en forma l'image de son bien-aimé, afin d'en pouvoir conserver le souvenir. Ce fût, paraît-il, l'origine de l'Art statuaire.

Ce moyen ingénieux, en tout cas, ne lui fût-il pas suggéré par l'exemple de ce qu'elle voyait faire autour d'elle, chaque jour par son père ou ses ouvriers, se servant de leurs mains ou de leurs pieds, comme profils, pour l'exécution de leurs vases ?

Nous n'avons voulu ici, en signalant ce fait, qu'en faire un point de repère pour les chercheurs et servir à l'histoire de la Céramique ; ils pourraient peut-être y trouver la clé de bien des œuvres du potier et de l'origine de leurs formes. Nous avons bien eu, datant du Moyen Age et de la Renaissance, les plats, en faïence décorée, d'Urbino, appartenant à l'école d'où est sorti le divin Raphaël, et dont une spécialité était de reproduire les traits de la fiancée ou des fiancés sur des plats, des buires ou des vases devant servir à consacrer la mémoire de l'heureux événement. Qui sait si chez les Grecs, « sous les doigts agiles du

potier[1] », la coupe, décorée de festons, ne révélait pas
des formes dont le principe était donné par la nature,
dans sa beauté, pour la fixer à jamais et si les mains déli-
cates de la jeune fiancée ne fournissaient pas à l'artiste

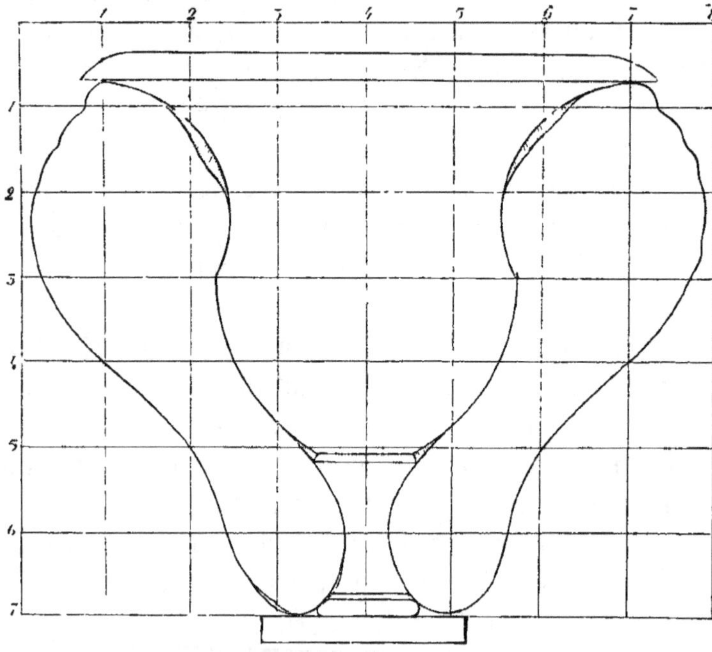

Planche X.

le principe des lignes et des profils des Vases sacrés et
de ceux qui servaient aux fêtes de famille ?

En tout cas, nous ne voulons ici qu'effleurer un
point délicat, en le recommandant à l'attention de
ceux qui aiment les choses d'art et en à rechercher les
origines.

[1] Homère.

Nous terminerons en disant qu'une étude des
formes humaines dans le vide est complètement à faire.
D'après les résultats que nous avons nous-même
obtenus, dans nos recherches sur ce point, nous
pouvons dire avoir trouvé, dans la nature même, des
lignes bien près de correspondre à celles de quelques-
uns des plus beaux vases grecs ou étrusques et
même romains, dans leurs profils et qui leur ressem-
blent par leurs proportions harmonieuses et l'élégance
de la forme.

De même, pour les objets usuels, coupes, cratères
amphores, et nous en citerons un exemple textuel.

Un des modèles de lacrymatoire en verre, des
Romains, trouvé à Pompéi[1], n'est pas autre chose que
le profil des mains écartées, les deux pouces s'ap-
puyant, près du poignet, l'un sur l'autre, à la partie
inférieure et s'écartant légèrement.

Quant aux formes des pieds, sur plan, elles ont
servi évidemment de base aux profils des plus beaux
vases grecs, *dits* étrusques, au point de pouvoir distin-
guer si c'est une forme masculine ou féminine qui en
est l'origine, aussi bien que l'on peut encore en comparer l'harmonie des proportions avec celles de la
nature qui en a été le point de départ.

Pour le degré de délicatesse de ces profils donnés
par la forme humaine, il est facile de constater que la
plus belle main de femme ou d'homme, comme le
plus beau pied, donne les profils les plus harmo-

---

[1] Voir le Musée de Naples.

nieux et les plus élégants dans leurs proportions. Aussi les artistes grecs, qui n'étaient point en peine de beaux modèles, comme les modernes, les ayant toujours pour ainsi dire sous les yeux et sous la main, ont-ils dû puiser sans peine autour d'eux et faire leur choix.

D'autre part, il est connu que l'étude des formes dans le vide faisait, en Grèce, partie de l'éducation des jeunes enfants, dont le goût se formait ainsi en rapprochant la forme des objets qui les entouraient, ou dont on se servait autour d'eux, de leurs propres formes. Celles-ci, étant donné la pureté de leur race toujours améliorée par la sélection, étaient cultivées au point de vue de leur beauté et de leur utilité, par une éducation physique et intellectuelle admirables (réunissant *le vrai, le beau et le bien*), qui fut l'objet d'une sollicitude constante, surtout aux plus belles époques de la Grèce antique.

ÓUVRAGES CITÉS ET A CONSULTER

Ch. Blanc      *Grammaire des Arts du dessin* (Chap. v et vi).

Bonomi      *Des proportions de Vitruve* (Londres).

Collignon (M.)      *Archéologie grecque.*

Diodore de Sicile

E. Guillaume, statuaire.      *Études sur le Daryphore.*

Hérodote

Lepsius (Dr).

Lucien

Pausanias

Story, statuaire.      *Du canon de Polyclète.*

Strabon

Viardot      *Merveilles de la sculpture.*

Vitruve (Préface de Renault).      *Traité des proportions.*

Winkelmann

ÉVREUX, IMPRIMERIE DE CHARLES HÉRISSEY

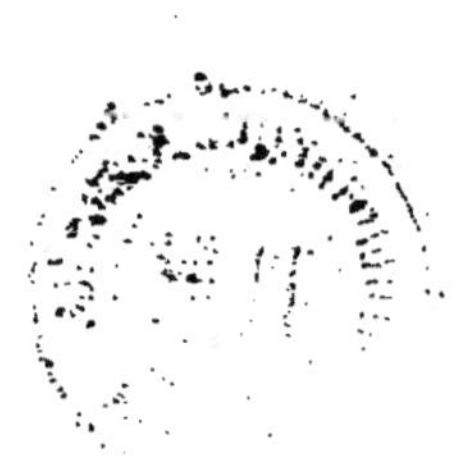